T0123396

Sammlung Metzler
Band 289

Für Renate

Matthias Luserke

Robert Musil

Verlag J. B. Metzler
Stuttgart · Weimar

Die Deutsche Bibliothek – CIP-Einheitsaufnahme

Luserke, Matthias:
Robert Musil / Matthias Luserke.
– Stuttgart ; Weimar : Metzler, 1995
(Sammlung Metzler ; Bd. 289)
ISBN 978-3-476-10289-8
NE: GT

ISSN 0558-3667
ISBN 978-3-476-10289-8
ISBN 978-3-476-03986-6 (eBook)
DOI 10.1007/978-3-476-03986-6

SM 289

© 1995 Springer-Verlag GmbH Deutschland
Ursprünglich erschienen bei J.B. Metzlersche Verlagsbuchhandlung
und Carl Ernst Poeschel Verlag GmbH in Stuttgart 1995

EIN VERLAG DER   *SPEKTRUM FACHVERLAGE GMBH*

»Willst Du Musil? Musil-musil?
Oder magst Du lieber Walzel . . ?«
(MoE, S. 2127).

»es ist mir sehr unangenehm, daß man real interpretirt«
(Br I, S. 24).

Vorbemerkung

Diese Einführung in Leben und Werk Robert Musils wendet sich nicht an die Insider. Das Buch sucht seine Leser und Leserinnen dort, wo Neugier oder Unverständnis, Kritik oder Sympathie den Blick auf die Texte Robert Musils gelenkt haben. Dem Konzept der Reihe entsprechend, versteht sich das Buch als Einführung, als Möglichkeit, sich der Wirklichkeit der Literatur am Beispiel Robert Musils zu nähern. Ein Plädoyer für Robert Musil zu schreiben heißt, ein Plädoyer für die Bedeutung der Literatur zu halten.

Ich danke herzlich für die Hilfe bei der Materialbeschaffung Frau Dr. Annette Daigger von der Arbeitsstelle für Österreichische Literatur und Kultur/Robert Musil-Forschung an der Universität Saarbrücken.

Saarbrücken, im September 1994

Zur Zitierweise:

Sämtliche Texte von Robert Musil mit Ausnahme des *Mann ohne Eigenschaften*, der Tagebücher, der Briefe und der Dissertation werden nach folgender Ausgabe zitiert: Robert Musil: *Gesammelte Werke in neun Bänden.* Hgg. v. Adolf Frisé. Reinbek b. Hamburg 1978. [Zitiert als GW mit Band- und Seitenzahl].
Der Roman *Der Mann ohne Eigenschaften* wird nach folgender zweibändigen Sonderausgabe zitiert: Robert Musil: *Der Mann ohne Eigenschaften.* Hgg. v. Adolf Frisé. Neu durchgesehene u. ergänzte Aufl. Sonderausgabe. 2 Bde. Reinbek b. Hamburg 1984. [Zitiert als MoE mit Seitenzahl; diese Ausgabe ist text- und seitenidentisch mit den Bänden 1-5 der *Gesammelten Werke*].

Inhalt

1. Einleitung

Als Einführung in das Leben und Werk Robert Musils ist nach wie vor die Biographie von Wilfried Berghahn, die erstmals 1963 erschien, hilfreich; den Laien führt sie an Musil heran, dem Fachmann ist sie ein wichtiges wissenschaftshistorisches Dokument. Denn längst hat sich auch in der Musil-Forschung ein Wandel vollzogen, der die editionsphilologischen Auseinandersetzungen und die Streitigkeiten um die Berechtigung psychoanalytischer Deutungsverfahren (oder um solche, die sich dafür hielten) der fünfziger, sechziger und frühen siebziger Jahre zurückgedrängt hat zugunsten neuer Fragestellungen und anderer Erkenntnisinteressen. Allerdings führte dies bislang noch nicht zu einem grundlegenden Paradigmenwechsel in der Musil-Forschung, dazu ist die Forschung vermutlich noch zu jung. Sieht man von wenigen frühen Arbeiten ab, beginnt die eigentliche wissenschaftliche Musil-Forschung erst mit der systematischen Erschließung des Musil-Nachlasses in den sechziger Jahren, der damals noch in Rom lag. Heute wird Musils handschriftlicher Nachlaß unter der Signatur Ser. nova 15061–15159 in der Österreichischen Nationalbibliothek in Wien aufbewahrt. In Kopie ist der Nachlaß auch an der Arbeitsstelle für Robert Musil-Forschung der Universität Saarbrücken für die Forschung zugänglich.

Die Musil-Forschung ist inzwischen zwar international, wobei die Forschung in den USA, in Österreich, Frankreich, England und Deutschland eindeutig Schwerpunkte bildet, doch scheint Musil immer noch eher ein Dissertationsthema als ein Thema für Seminare und interessierte Leserinnen und Leser zu sein. Einer breiten oder wenigstens breiteren Rezeption – über den sogenannten inner circle der Wissenschaftler hinaus – steht ein gewichtiges Urteil der professionellen Leser entgegen: Der Mythos vom schwierigen Autor, dessen Texte höchste Bildungsvoraussetzungen verlangten. Wo die Forschung bemüht ist, zur Entmythologisierung beizutragen, verstärkt sie meist unfreiwillig ex negativo umso mehr diesen Mythos. Wünschenswert, wenngleich illusorisch, wäre es, wenn die Forschung sich einige Zeit eine Musil-Enthaltsamkeit selbst verschriebe – sie sollte sich für eine begrenzte Zeit

Urlaub vom Leben geben, wie Musils Protagonist Ulrich aus dem *Mann ohne Eigenschaften*. Die Literatur über Musil ist fast unübersehbar geworden, und doch fällt es nachgerade ins Auge: Die Themen der Monographien und fleißigen Dissertationen gleichen sich. Und: Kennzeichen insbesondere der jüngeren Arbeiten ist, daß sie sich gegenseitig weitgehend ignorieren und die ältere Forschung, die oft Grundlagenarbeit geleistet hat, nur äußerst selektiv – wenn überhaupt – zur Kenntnis nehmen. Diese freundliche gegenseitige Ignoranz selbst hat wieder etwas Musileskes. Zu Beginn der Forschung in den sechziger und den frühen siebziger Jahren wurde ein erbitterter Streit um die Berechtigung psychoanalytischer Deutung von Musils Biographie und seinen Texten ausgetragen. Die zum Teil dilettantisch und rüde geführten kontroversen Deutungen verdeckten einen maßgeblichen grundlegenden Dissens: Musils Werk sollte autobiographisch gedeutet *oder* dagegen geschützt werden. Die einfache Frage, ob es denn überhaupt notwendig ist, ein Werk autobiographisch zu deuten und ob es nicht auch andere sinnvolle Deutungsmöglichkeiten gibt, wurde nicht gestellt. Dies hat sich erst, soweit man dies jetzt schon rekonstruieren kann, Ende der achtziger Jahre geändert, als das Reservoir an kanonisierten Forschungsthemen erschöpft schien. Doch statt nun einen Neuanfang zu wagen, wurden und werden die alten Themen neu bearbeitet. In diesem Sinn versteht sich auch die hier vorgelegte Einführung als Ermutigung für die Interessierten, Wege aus der Sackgasse zu suchen.

Helmut Arntzens zweibändiger *Musil-Kommentar* von 1980 und 1982 bildet eine entscheidende Etappe in der Forschung. Erstmals wurden hier wichtige biographische, bibliographische, (editions-)philologische *und* interpretatorische Informationen zu den einzelnen Musil-Texten aktualisiert und komprimiert zusammengetragen und übersichtlich dargestellt. Der *Musil-Kommentar* bildet immer noch ein unverzichtbares Handwerkszeug zur Interpretation von Musil-Texten. Als Einführungen in das Leben und Werk Musils waren die Arbeiten von Kaiser/Wilkins (1962), Berghahn (1963), Baumann (1965), Gumtau (1967), Roth (1972), Baumann (1981), Pott (1984), Willemsen (1985) und Heftrich (1986) konzipiert, die den Akzent – mit Ausnahme von Berghahns biographisch angelegtem Buch – aber doch eher auf die Werkdarstellung und -deutung setzten. Über die ältere Forschung zu Musil informieren die Forschungsberichte von Karthaus (1965),

Roseberry (1974), Freese (1983), Mae (1983), Kümmerling (1987). Über die neuere Forschungsliteratur unterrichten Fiala-Fürst (1991) und das Periodicum *Musil-Forum*, das in unregelmäßigen Abständen erscheint. Seit 1975 wird es von der Internationalen Robert Musil-Gesellschaft (Sitz: Wien, Geschäftsstelle: Universität Saarbrücken) herausgegeben. Die Reihe *Musil-Studien* dokumentiert Tagungen und Dissertationen zum Autor.

Wer aber war dieser Robert Musil, der einen der umfangreichsten Romane der Weltliteratur geschrieben hat (im Dünndruck etwa so dick wie die Bibel), dessen Werke seit der ersten dreibändigen Nachkriegsausgabe von 1952, 55 und 57 inzwischen die Auflagenhöhe von einer Million überschritten haben dürften und für dessen Erstausgaben sogar exorbitante Liebhaberpreise gezahlt werden? Von einer eigentlichen Musil-Renaissance läßt sich vor allem im Hinblick auf die späten siebziger Jahre sprechen. 1978 erschien die von Adolf Frisé herausgegebene Taschenbuchausgabe *Gesammelte Werke in neun Bänden*, die text- und seitenidentisch zur gleichzeitig erschienenen zweibändigen, gebundenen Dünndruckausgabe ist. Die Bände 1 bis 5 enthalten den *Mann ohne Eigenschaften*, Band 6 enthält Prosa und Stücke, Band 7 Kleine Prosa, Aphorismen und Autobiographisches, Band 8 Essays und Reden und Band 9 die Literatur-, Theater- und Kunstkritiken. 1992 erschien dann erstmals eine vollständige Transkription des unveröffentlichten handschriftlichen Nachlasses von Musil als CD-ROM-Version. Möglicherweise sind auch neue Impulse für die Forschung hiervon zu erwarten, doch wird erst die Zukunft zeigen, ob dadurch wesentlich neue Gesichtspunkte zur Textinterpretation gefördert werden können. Denn es steht zu befürchten, daß vorerst nur editionsphilologische Fragen kontrovers diskutiert werden. Zudem setzt die sinnvolle Nutzung dieser Technik unverhältnismäßig hohe Investitionen voraus, die der Institution Wissenschaft zumutbar, von interessierten Lesern und Wissenschaftlerinnen aber nicht zu fordern sind. Mit diesen Editionen und der Herausgabe der *Tagebücher* (2 Bde., 1976), der Dissertation *Beitrag zur Beurteilung der Lehren Machs* (1980) und der *Briefe* (2 Bde., 1981) durch Frisé stünde einer umfassenden Werkanalyse Musils nun nichts mehr im Wege.

2. Biographische Skizze

Es gibt grundsätzlich zwei literaturwissenschaftliche Verfahrensweisen, sich mit dem Werk eines Schriftstellers vertraut zu machen: Zum einen kann man sich chronologisch-historisch, zum anderen interpretatorisch, also über die unmittelbare Textdeutung nähern. Entscheidet man sich für eine an den Größen zeitlicher Ordnung orientierte Annäherung – für die nicht alles, aber vieles spricht –, so läßt sich das Werk eines Autors wiederum auf verschiedene Weise rekonstruieren. Einmal kann man sich an den biographischen Daten orientieren, von denen aus dann geprüft wird, welche Texte der Autor in diesem Zeitraum geschrieben hat, welchen persönlichen, sozialen, politischen usf. Umständen und Einflüssen sie ausgesetzt waren. Man kann aber bei der Rekonstruktion, die für die Deutung der Texte unverzichtbar ist, auch von einer werkbezogenen Chronologie ausgehen. Daraus ergibt sich dann eine Rekonstruktion, die auf die *Entstehungsdaten* bezogen ist, oder eine Rekonstruktion, die sich auf die *Publikationsdaten* bezieht. Entstehungsgeschichte und Publikationsgeschichte sind meist nicht deckungsgleich. Bei einem Autor wie Robert Musil kommt dem zeitlichen Unterschied zwischen Entstehung und Veröffentlichung eines Textes großes Gewicht zu. In beiden Fällen liegt aber kein systematisches, sondern ein chronologisches Muster zugrunde. An diesem Muster orientiert sich auch dieses Buch; es versucht, den Erscheinungsdaten der Texte Musils zu folgen und nur dort von dieser Vorgabe abzuweichen, wo es aus inhaltlichen Gründen (wie im Falle des *Mann ohne Eigenschaften*) sinnvoll erscheint.

Robert Musils Biographie ist wenig spektakulär. In fotorealistischer Gläubigkeit kann man die einzelnen Stationen, Personen, Orte zwar zu rekonstruieren versuchen, es kommt dabei aber nicht mehr heraus, als das Leben eines Bildungsbürgers in bebilderter Gleichförmigkeit. Der Reiz von Musils Biographie liegt eher im Exemplarischen, in der Typik des Uniformen. Musil hat keine eigentliche Autobiographie hinterlassen, erst zwischen 1937 und 1941 hat er einige Eintragungen in sein Tagebuch notiert, die als Vorarbeiten zu einer Autobiographie dienen sollten (vgl. das Tagebuchheft

Nr. 33, Tb I, S. 911 ff.). Die Biographie Musils hatte bis vor kurzem noch etliche blinde Flecken; durch die langjährigen Bemühungen Karl Corinos (als vorläufiges Ergebnis kann die Bildbiographie betrachtet werden, vgl. Corino 1988) ist es mit positivistischem Detailfleiß gelungen, die biographische Forschung zu Musil voranzubringen. Doch macht auch diese Biographie zugleich ein grundlegendes Problem der Musil-Forschung wie der Autorenforschung generell deutlich: das Autobiographieproblem. Mutmaßungen, Schlüsse, Fakten, Tagebuchnotizen und Zitate aus den literarischen Arbeiten Musils werden in ihrem Quellenwert als gleich aussagekräftig verstanden. So steht beispielsweise neben dem Bild einer historischen Person der Kurztext des Verfassers und ein Zitat aus dem *Mann ohne Eigenschaften.* Was aber eine vermeintliche oder tatsächliche Identität von historischem Sachverhalt und literarischer Verarbeitung durch Musil für die je neu zu leistende Textdeutung bedeuten soll, bleibt unklar. Die ›große‹ Musil-Biographie also, die Leben und Werk gleichermaßen zusammenführen könnte und die anderen Zeitgenossen Musils längst zuteil geworden ist, steht noch aus. Das Ausbleiben dieser großen Biographie ist aber auch ein Symptom der bisherigen Musil-Forschung, der es nur in wenigen Ansätzen bislang gelungen ist, aus der Befangenheit der Binnenperspektive herauszutreten und Musils Werk innovativ in andere Fragehorizonte einzuschreiben.

Geboren wurde Robert Musil am 6. November 1880 in Klagenfurt (vgl. auch die ausführliche Zeittafel bei Arntzen 1982, S. 13 ff.). Der Großvater väterlicherseits, Militärarzt Matthias Musil, war aus dem mährischen Rychtárow gebürtig. 1849 nahm er seinen Abschied vom Militär und lebte als privatisierender Landwirt in der Nähe von Graz. Robert Musil verwendete später als Beiträger für die *Prager Presse* zeitweise das Pseudonym Matthias Rychtarschow (vgl. Dinklage 1960, S. 187 ff.). Der Großvater mütterlicherseits, Franz Xaver Bergauer, stammte aus Böhmen, war Techniker und gilt heute als einer der Eisenbahnpioniere des europäischen Kontinents. Er hatte maßgeblichen Anteil an Planung und Bau der Pferdebahn Linz – Budweis. Robert Musils Vater Alfred Musil (1846–1924) stammte aus Temesvár. Nach dem Maschinenbaustudium an der Technischen Hochschule in Graz war er einige Zeit dort als Assistent tätig, danach als Ingenieur in Brünn, Klagenfurt, Komotau und Steyr. 1890 wurde er als ordentlicher Professor für Maschinenkunde, Maschinenbau und theoretische Maschinenlehre an die Technische Hochschule Brünn berufen. 1917, kurz vor dem Ende der Habsburgmonarchie, wurde er geadelt. Robert Musils Mutter Hermine Bergauer (1853–1924) ist in Linz geboren worden und heiratete Alfred Musil 1874 in Klagenfurt. Robert Musil war das zweite Kind aus dieser Ehe, die erstgeborene Schwester Elsa starb allerdings schon 1876 als Säugling. Für Musil wurde diese nie gekannte Schwester zum Gegenstand einer ambivalenten Sehnsucht, mit der er »einen gewissen Kultus« (Tb I, S. 952) treibe, der teils biographisch bedingt, teils literarisch motiviert ist. Im September 1881 zieht die Familie nach Komotau um. Mit Heinrich Reiter tritt nun ein Mann in Musils Leben, dessen Beziehung zu seiner Mutter der Junge als bedrohlich empfindet. Literarisiert erscheint Reiter wieder als die Figur des Onkel Hyazinth in der Erzählung *Tonka*. Reiter gilt in der Forschung (vgl. Corino 1988, S. 35) als Intimus und ständiger Hausgenosse der Musils. Man darf annehmen, daß diese Doppelbesetzung der Vaterfigur durch einen schwachen leiblichen und einen dominanten ›Ersatz‹vater innerhalb der Familientriade von Vater, Mutter und Kind zu erheblichen Irritationen, wenn nicht Verängstigungen geführt hat. Jedenfalls sind die Spannungen im Elternhaus für die den »männlichen Mann« suchende Mutter so groß, daß die Eltern beschließen, den jungen Musil in ein Internat zu geben:

»Ich will ihren Wunsch erfüllen, nichts Schlechtes von ihr zu reden.- Die heroische, edle Seite ihres Charakters, ihre Kindesliebe zu Vater u. Brüdern. Was kann vom übrigen gesagt werden? Große nervöse Reizbarkeit; Heftigkeit u. Weiterbohren eines Reizes bis zum Ausbruch. Heftigkeit übergehend in Weinkrampf. Abhängigkeit dieser Vorgänge von inneren. Auf gesteigert glückliche oder verhältnismäßig harmonische Tage folgte unweigerlich ein zum Ausbruch treibender. Der Zusammenhang mit ihrer Ehe unklar. Sie hat meinen Vater geschätzt, aber er hat nicht ihren Neigungen entsprochen, die anscheinend in der Richtung des männlichen Mannes gegangen sind. Späterhin hysteroide Züge« (Tb I, S. 935).

Um 1891 datiert sich der Beginn der Freundschaft Musils mit Gustav Donath, dem biographischen Modell des Walters im *Mann ohne Eigenschaften*. Am 29. August 1892 tritt Musil in die Militär-Unterrealschule, einem Internat, in Eisenstadt ein. Zwei Jahre später wechselt er auf die Militär-Oberrealschule in Mährisch-Weißkirchen (Hranice) und bleibt dort bis 1897. Die Erfahrungen dieser fünf Internatsjahre bilden die Grundlage für seinen ersten Roman *Die Verwirrungen des Zöglings Törleß*.

Im September 1897 geht Musil an die Technische Militärakademie in Wien, er soll nach dem Willen seines Vaters eine Offizierslaufbahn einschlagen und damit dem Familienmuster eines militärischen Berufs entsprechen. Doch schon nach wenigen Monaten wechselt Musil von der Militärakademie ins zivile Fach, er beginnt im Januar 1898 mit einem Maschinenbaustudium an der Technischen Hochschule in Brünn. Daneben macht er Bekanntschaft mit den Werken antibürgerlicher Autoren des ausgehenden 19. Jahrhunderts, er liest Werke von Nietzsche, Dostojewski, Emerson und Maeterlinck. Unter dem Titel *Monsieur le vivisecteur* faßt Musil erste literarische Versuche zusammen, doch bleibt das Vorhaben Skizze. Im November 1899 legt er die erste Staatsprüfung ab. Im März 1901 nimmt er an einer Lesung Brünner Autoren teil (vgl. Mulot 1977, S. 129 ff.). Dies kann als erste offensiv behauptete Emanzipationsgeste gegenüber dem Vater verstanden werden, als Versuch, sich aus der Herrschaftstriade von »Vater, Landesvater, Gottvater« (Tb I, S. 963) zu befreien. Nun beginnt Musil sich selbst als Schriftsteller zu begreifen, und es folgen Jahre der beruflichen Identitätsfindung. Der Wunsch des Vaters mit der Forderung, einen bürgerlichen Beruf zu ergreifen, kollidiert mit Musils allmählich sich festigendem Bewußtsein einer Schriftstelleridentität. Vielleicht ist diese Identitätssuche bestimmend geblieben für Musils weiteres literarisches Schaffen, er kam nicht von der Literatur zur Literatur, sondern die rezipierte wie die selbst geschriebene Literatur war ihm zunächst Instrument und Medium einer Abkehr vom väterlichen Berufsgebot. In diese Zeit datiert auch der Beginn der Freundschaft mit Herma Dietz, dem Modell der Tonka in der gleichnamigen Erzählung, die bis 1907 Musils Geliebte ist.

Auch das sogenannte »Valerieerlebnis« (Tb I, S. 912) ereignet sich in diesen Jahren. Die Brünner Schauspielerin Paula Ulmann soll die historische Valeriegestalt gewesen sein. Valerie wird für Musil jedenfalls zum »Symbol erotisch-mystischer Entrückung« (Corino 1988, S. 71), sie wird als Gegenstand einer leidenschaftlichen Fernliebe zur Chiffre für ungestilltes Begehren. Der Versuch Musils, eine Sammlung von Prosatexten mit dem Titel *Paraphrasen* zu veröffentlichen, scheitert 1901 (vgl. Albertsen 1970). Im Juli dieses Jahres legt er seine zweite Staatsprüfung als Ingenieur ab. Von Oktober

1901 bis September 1902 leistet er als Einjährig Freiwilliger in Brünn seinen Militärdienst ab.

Im Mai 1902 lernt Musil die *Populärwissenschaftlichen Vorlesungen* von Ernst Mach kennen, ein folgenreiches Leseerlebnis, denn über Mach wird Musil dann promovieren. Im Oktober geht Musil für ein Jahr als Volontärassistent an die Technische Hochschule nach Stuttgart und arbeitet dort bei Professor von Bach (vgl. Blasberg 1989). Im August 1903 beschäftigt er sich nachweislich erstmals mit dem *Törleß*-Thema. Extensive Lektürestudien deuten eine allmähliche Interessenverschiebung an. Doch zunächst geht Musil zum Wintersemester 1903/1904, vermutlich zusammen mit Herma Dietz, nach Berlin und studiert an der Humboldt-Universität Philosophie, Psychologie, Mathematik und Physik (vgl. Bonacchi 1992). Carl Stumpf, Gestaltpsychologe und Philosoph, nimmt ihn als Doktorand an. Neben dem Studium und der Arbeit am *Törleß* bereitet sich Musil auf das Abitur vor, das er im Juni 1904 in Brünn nachholt. Nebenbei veröffentlicht er die beiden ingenieurwissenschaftlichen Aufsätze *Die Kraftmaschinen des Kleingewerbes* und *Die Beheizung der Wohnräume* (vgl. Diss., S. 141–175). Im Sommersemester 1904 lernt Musil Johannes von Allesch kennen, 1905 Alice Charlemont, Verlobte des Jugendfreunds Gustav Donath und Modell für die Figur Clarisse im *Mann ohne Eigenschaften*.

Im Frühjahr 1905 ist das Manuskript des *Törleß* abgeschlossen. Nach mehreren vergeblichen Versuchen, den Roman bei einem Verlag unterzubringen, nimmt schließlich der Wiener Verlag, der drei Jahre zuvor Arthur Schnitzlers skandalumwittertes Stück *Reigen* verlegt hatte, das Manuskript an und veröffentlicht 1906 *Die Verwirrungen des Zöglings Törleß*. In diesem Jahr konstruiert Musil einen Farbkreisel als experimentalpsychologisches Arbeitsgerät, intensiv beschäftigt er sich nun mit seinem Dissertationsthema. Er lernt Franz Blei, einen seiner wichtigsten Freunde und Förderer, und seine spätere Frau Martha Marcovaldi (1874–1949) kennen. In erster Ehe war sie mit dem früh verstorbenen Fritz Alexander verheiratet, in zweiter Ehe mit dem italienischen Kaufmann Enrico Marcovaldi. Im Dezember wird der *Törleß* von dem damaligen Kritikerpapst Alfred Kerr zustimmend rezensiert.

Im Februar 1908 hat Musil sein Rigorosum in Philosophie, Physik und Mathematik und promoviert mit der Arbeit *Beitrag zur Beurteilung der Lehren Machs* (vgl. Bey 1989). Ende des Jahres erscheint die Erzählung *Das verzauberte Haus*, die erste Fassung der *Versuchung der stillen Veronika* in der Zeitschrift *Hyperion*, die von Franz Blei und Carl Sternheim herausgegeben wird. Für die endgültige Umarbeitung der Erzählung benötigt Musil zweieinhalb Jahre. Das Angebot einer Assistentenstelle bei dem Philosophen Alexius Meinong an der Universität Graz und die Möglichkeit einer akademischen Laufbahn lehnt Musil 1909 ab, was er später bedauert (vgl. Br I, S. 367). Auf Drängen des Vaters nimmt Musil zur Sicherung des Lebensunterhalts schließlich im Dezember 1910 die Stelle eines Bibliothekars an der Technischen Hochschule Wien an. Im März 1911 erscheint der erste programmatische Essay von Musil *Das Unanständige und Kranke in der Kunst* in Alfred Kerrs Zeitschrift *Pan*. Am 15. April – dem späteren Todestag Musils – 1911 heiraten Martha Heimann, inzwischen geschiedene Marcovaldi, und Robert Musil. Die Ehe bleibt kinderlos. Im Juni 1911 erscheinen die beiden Erzählungen *Die Versuchung der stillen Veronika* und *Die Vollendung der Liebe* als Buch unter dem Titel *Vereinigungen*. 1912 publiziert Musil in Bleis Zeitschrift *Der lose Vogel* anonym mehrere Essays. Im März 1913 erkrankt Musil an einer Herzneurose.

Zu Beginn des Jahres 1914 wird Samuel Fischer Musils Verleger, im Februar gibt Musil seine Stelle als Bibliothekar auf und wird Redakteur der *Neuen Rundschau* in Berlin. Im März 1914 begegnet er Rilke. Kafkas neu erschienener Sammelband *Betrachtung* und *Der Heizer* – das erste Kapitel des unvollendet gebliebenen *Amerika*-Romans – sowie Robert Walsers Prosasammlung *Geschichten* werden von Musil zustimmend rezensiert. Im August 1914 wird Musil Kompanieführer bei einem Landsturmbataillon in Linz, im September 1914 erscheint der Aufsatz *Europäertum, Krieg, Deutschtum*. Musil wird zur Grenzsicherung nach Südtirol versetzt. Er macht Tagebuchaufzeichnungen, die er später für seine Erzählung *Grigia* verwenden wird. Im März 1916 erkrankt Musil und kommt, nach verschiedentlichen Lazarettaufenthalten, schließlich in das Reservespital nach Prag-Kronenthal. Am 14. April 1916 besucht er Franz Kafka, den er schon im Frühjahr 1914 in Berlin kennengelernt hatte (vgl. Corino 1988, S. 214). Im Juli 1916 wird Musil wegen Untauglichkeit für den Fronteinsatz Redakteur des k.u.k. Propagandamediums *Soldaten-Zeitung*. Außer einigen Essays veröffentlicht er nur die Erzählung *Aus der Geschichte eines Regiments*, Karl Corino sieht eine Vergleichbarkeit mit den Texten Ernst Jüngers aus dieser Zeit: »Feier der motorischen Ekstase, der Mystik des Kampfes«

(Corino 1988, S. 246). Die Frage, wie viele anonyme Beiträge in der *Soldaten-Zeitung* (2. Jahrgang, Nr. 12–45) aus Musils Feder stammen, wird von der Forschung unterschiedlich beantwortet. Die Angaben schwanken zwischen 19 (Roth 1972, S. 528) und 29 Texten bzw. Textbeiträgen (Arntzen 1980, S. 179f.). Von Oktober 1916 bis April 1917 ist Musil verantwortlicher Redakteur der *Soldaten-Zeitung*. Von März 1918 an ist er als verantwortlicher Schriftleiter der Wochenschrift *Heimat* im Kriegspressequartier in Wien tätig. Eine der Aufgaben der Zeitschrift bestand in der Kommentierung der Russischen Revolution im Sinne einer Stabilisierung der Habsburg-Monarchie; auch diese Soldatenzeitung war ein Propagandamedium des k.u.k.-Apparats (vgl. dazu Schmölzer 1965, bes. S. 11 ff. u. 38 ff. Zu Musils Tätigkeit vgl. die kritischen Ausführungen bei Howald 1984, S. 93). Ende 1918 erscheint dann einer der wenigen programmatisch-poetologischen Essays Musils mit dem Titel *Skizze der Erkenntnis des Dichters* in Franz Bleis Zeitschrift *Summa*.

Von 1919 an läßt sich von einer Arbeit am Romanprojekt *Der Mann ohne Eigenschaften* sprechen. Kleinere Texte wie *Buridans Österreicher* und *Die Affeninsel* erscheinen, im Dezember 1919 lernt Musil Thomas Mann kennen. Im September 1920 wird Musil Fachbeirat im österreichischen Bundesministerium für Heerwesen, seine Aufgabe besteht darin, »›das Offizierskorps in die Methoden der Geistes- und Arbeitsausbildung einzuführen‹« (Arntzen 1982, S. 20). Aus dieser Verpflichtung entsteht der Vortrag *Psychotechnik und ihre Anwendungsmöglichkeit im Bundesheere*, der 1922 erscheint (vgl. Diss., S. 179–200). Im März 1921 publiziert Musil den Essay *Geist und Erfahrung*, eine kritische Auseinandersetzung mit Oswald Spenglers Buch *Der Untergang des Abendlandes*. Ende des Jahres 1921 veröffentlicht er sein erstes Drama mit dem Titel *Die Schwärmer*. Im Wiener *Literaria-Almanach* erscheint der erste Textabdruck aus einer Arbeit zum *Mann ohne Eigenschaften*, im Dezember folgt die Erzählung *Grigia*. Ein Jahr später, Ende 1922 wird die Erzählung *Tonka* veröffentlicht, zeitweilig ist Musil nun als Theaterkritiker tätig. Im Juli 1923 wird Musil auf Vorschlag von Alfred Döblin der Kleist-Preis für sein Drama *Die Schwärmer* verliehen. Im November erscheint die Erzählung *Die Portugiesin*, die zusammen mit den Erzählungen *Tonka* und *Grigia* Anfang 1924 im Rowohlt Verlag Berlin unter dem Titel *Drei Frauen* herauskommt. Im November 1923 wird Musil zum zweiten Vorsitzenden des

Schutzverbandes deutscher Schriftsteller in Österreich gewählt, dessen Vorsitz Hugo von Hofmannsthal innehat; Musil übt dieses Amt bis 1929 (so Corino 1988, S. 326; Arntzen 1982, S. 22 dagegen: 1928) aus (vgl. Hall 1977). Versuche Musils, sich als Literaturkritiker zu etablieren, scheitern. Im Mai 1924 erhält Musil den Kunstpreis der Stadt Wien, im Juli erscheint das Theaterstück *Vinzenz und die Freundin bedeutender Männer* im Rowohlt Verlag. Ihren Lebensunterhalt bestreiten die Musils in den folgenden Jahren vorwiegend aus Vorschüssen, die ihnen Robert Musils neuer Verleger Ernst Rowohlt für den in Arbeit befindlichen großen Roman gewährt. Bereits im April 1925 wird Musils Roman unter dem Titel *Die Zwillingsschwester* in der Wiener Zeitschrift *Die Bühne* und in der *Prager Presse* angekündigt. Mitte 1926 muß sich Musil einer Gallenblasenoperation unterziehen, von Januar bis Sommer 1927 halten sich die Musils zum wiederholten Mal in Berlin auf. Am 16. Januar 1927 hält Musil seine große *Rede zur Rilke-Feier*, die noch 1927 bei Rowohlt erscheint. Anfang 1928 erscheint auch die Erzählung *Die Amsel* in der *Neuen Rundschau*. Am 8. April 1928 wird im *Tag* der erste Text aus dem *Mann ohne Eigenschaften* mit dem Titel *Kakanien. Ein Fragment* abgedruckt. 1929 muß sich Musil wegen psychisch bedingter Arbeitshemmungen bei Hugo Lukács, einem Schüler des Individualpsychologen Alfred Adler, in Wien behandeln lassen. Die Arbeit am Roman ist ins Stocken geraten. Am 13. April 1929 ist in der *Wiener Allgemeinen Zeitung* zu lesen, daß Musil einen zweibändigen Roman mit dem Titel *Der Mann ohne Eigenschaften* abgeschlossen habe, der im Herbst erscheinen werde. Im Oktober 1930 ist es tatsächlich soweit, der erste Band des Romans *Der Mann ohne Eigenschaften* erscheint im Berliner Rowohlt Verlag. Im November 1931 ziehen die Musils von Wien nach Berlin um, die finanzielle Situation bleibt prekär. 1932 gründet der Kunsthistoriker Kurt Glaser eine Musil-Gesellschaft zur Sicherung des Lebensunterhalts der Musils. Im Dezember erscheint der zweite Band des Romans *Der Mann ohne Eigenschaften*. Auf Vorschlag von Thomas Mann und Oskar Loerke erhält Musil im Januar 1933 eine Werkbeihilfe der Preußischen Akademie der Künste, Abteilung für Dichtung. Doch im März kündigt der Verleger Rowohlt seine finanzielle Unterstützung auf, im Mai verläßt Musil Berlin in Richtung Wien.

Im Dezember 1934 hält Musil seine vielbeachtete Rede aus Anlaß des zwanzigjährigen Bestehens des Schutzverbandes deutscher Schriftsteller in Österreich mit dem Titel *Der Dichter in dieser Zeit*. Am 21. Juni 1935 hält er einen Vortrag vor dem Ersten Internationalen Schriftstellerkongreß zur Verteidigung der Kultur in Paris, der heftigen Widerspruch provoziert. Namentlich Bodo Uhse kritisiert vier Tage später öffentlich Musils Werk als Dokument für den Verfall der bürgerlichen Gesellschaft (zur Dokumentation der Tagung vgl. *Paris 1935*, 1982). Die Fortführung der Arbeit am *Mann ohne Eigenschaften* erweist sich als äußerst schwierig. Im Dezember 1935 erscheint eine Sammlung kürzerer und in den zurückliegenden Jahren verstreut publizierter Prosatexte unter dem Titel *Nachlaß zu Lebzeiten* im Züricher Humanitas-Verlag. Im Juni 1936 erleidet Musil einen Schlaganfall, von dessen Folgen er sich nur schwer erholt. Im März 1937 hält er seine letzte Rede *Über die Dummheit*, im Juni gehen die Verlagsrechte von Rowohlt auf den Bermann-Fischer-Verlag in Wien über. Im August 1938 verlassen die Musils mit den Manuskripten zur Fortsetzung des *Mann ohne Eigenschaften* Österreich. Kurz darauf erfolgt das nationalsozialistische Verbot des *Mann ohne Eigenschaften* in Deutschland und Österreich. In Zürich lernen die Musils den Bildhauer Fritz Wotruba kennen; die Eheleute Church und Pfarrer Robert Lejeune bemühen sich um die finanzielle Sicherung des Emigrantenpaars. Versuche, nach den USA oder nach England auszureisen, scheitern. Im Juli 1939 ziehen die Musils nach Genf um. Am 29. Januar 1940 liest Musil zum letzten Mal öffentlich aus seinem Werk, vor knapp 20 interessierten Zuhörern. Am 15. April 1942 stirbt Robert Musil an einem Gehirnschlag, Pfarrer Lejeune hält die Ansprache anläßlich der Trauerfeier vor acht Trauergästen. Am 15. Mai erscheint im schweizerischen *Bücherblatt. Zeitschrift für Bücherfreunde* (6. Jg., Nr. 5) ein Nekrolog von Harald Baruschke: »Am 15. April 1942 starb überraschend in Genf, wohin er sich aus gesundheitlichen Gründen zurückgezogen hatte, der österreichische Dichter und Philosoph Dr. Robert Edler von Musil [...]. Wie wenig er selbst an ein frühes und plötzliches Ende gedacht hat, bezeugen seine hinterlassenen Manuskripte und Entwürfe«.

Die Witwe Martha Musil bringt im Selbstverlag in Lausanne 1943 einen dritten Band des *Mann ohne Eigenschaften* heraus, von dem bis Ende 1948 insgesamt 741 Exemplare verkauft werden (vgl. Schröder-Werle 1975, S. 244). Die Zusammenstellung der Kapitel beruht auf Musils nachgelassenen Druckfahnen-Kapiteln zur Fortsetzung des Romans, an denen er in den letzten Jahren gearbeitet hatte. Ernst Schönwiese und andere Autoren in Österreich und der Schweiz versuchen in den ersten Nachkriegsjahren das öffentliche Interesse für den inzwischen vergessenen Autor Robert Musil wieder zu wecken. 1949 erscheint ein Artikel von Ernst Kaiser im *Times Literary Supplement*, der auf den Schriftsteller Musil aufmerksam zu machen versucht. Im selben Jahr wird zwar bereits die erste Dissertation über Robert Musil geschrieben (vgl. Maier 1949), doch beginnt eine wissenschaftliche Rezeption erst, nachdem Adolf Frisé 1952 in einer Neuausgabe den *Mann ohne Eigenschaften* einer breiten Öffentlichkeit wieder zugänglich gemacht hatte (vgl. Schröder-Werle 1975). Zwar setzte sich Frisé mit dieser Ausgabe des Romans heftiger Kritik aus, doch seit 1978 hat die wissenschaftliche Forschung eine solide Textbasis, und interessierten Leserinnen und Lesern ist der kompakte Zugriff auf Musils Werk möglich.

3. Die Verwirrungen des Zöglings Törleß

Die erste größere Arbeit zu Musils *Törleß* veröffentlichte Heribert Brosthaus 1969. In dieser Untersuchung sowie in den nachfolgenden Monographien der siebziger Jahre herrschte eine Lesart des Romans vor, die auf einer werkimmanenten Methode beruhte (vgl. etwa Freij 1971, Reniers-Servranckx 1972, Gerd Müller 1971). Dabei wurden vor allem stilistische, sprachliche und thematische Fragen an den Roman gestellt. Literatur- und philosophiegeschichtliche Außenbezüge herzustellen (Aler 1971, Desportes 1974) oder gesellschaftliche und sozialhistorische Zusammenhänge aufzuzeigen (Baur 1973, Mattenklott 1973), blieb die Ausnahme. Daran hat sich bis heute nur wenig geändert. Die Forderung nach einer stärkeren Berücksichtigung psychoanalytischer Problemstellungen basierten auf dem Buch von Kaiser/Wilkins (1962), wurden von Corino vorwiegend autorpsychologisch und biographistisch weitergeführt und von Magnou (1977) wieder auf den Text selbst zurückgewendet. Peter Henninger (1980) und Dieter Heyd (1980) spürten in der Nachfolge Lacans den Mäandern des Begehrens im Dickicht der Zeichen nach, und – wie bei jeder Expedition – nur ein kleiner Kreis von Mutigen und Erprobten vermochte ihnen zu folgen. Die akribische Zeicheninterpretation lief Gefahr, zum Jargon des Raunens zu verkommen, wie dies auch zeitweise der philosophisch inspirierten Musil- und *Mann ohne Eigenschaften*-Forschung drohte (vgl. etwa Farda 1988, Bohn 1988 u. Cellbrot 1988, dagegen Frank 1981 u. 1983). Erst in Hans-Georg Potts Darstellung (1984) fanden die psychoanalytisch inspirierten, jedoch entscheidend poststrukturalistisch modifizierten Arbeiten zum Werk Musils (vornehmlich zum *Mann ohne Eigenschaften*), einen vorläufigen Abschluß. Jüngst wurde nochmals der Versuch einer werkbezogenen psychoanalytischen Literaturinterpretation unter den Leitbegriffen von Einbildung und Erkenntnis gemacht (vgl. Lahme-Gronostaj 1991). Wenn man die Entwicklung der vergangenen Jahre resümiert, so läßt sich wieder eine deutliche Hinwendung zur Immanenz ausmachen (vgl. etwa Pekar 1989, Nadermann 1990, Völse 1990, u.a.). Diese Feststellungen betreffen die gesamte Forschungsliteratur zu Musil. Ob damit wesentlich neue Erkenntnisse gewonnen werden können, die entscheidend über die älteren Arbeiten hinausführen, muß offen bleiben. Dies muß im Rahmen eines umfassenden Forschungsberichts diskutiert werden (vgl. etwa Freese 1983 u. Kümmerling 1987. Die von Freese angekündigte [vgl. ebd., S. 144] Bibliographie *Internationale Robert-Musil-Forschung 1965–1982* [München, Salzburg 1984/85] kam durch den plötzlichen Tod Freeses allerdings nicht zustande).

Im Herbst 1902 reist Musil nach Stuttgart, um eine Stelle als Volontärassistent an der dortigen Technischen Hochschule anzutreten. In diese Zeit fällt der Beginn der Niederschrift des *Törleß*-Romans (vgl. GW 6, S. 7–140). Im Tagebuch kokettiert Musil etwas mit der Situation, »aus Langweile« (GW 7, S. 967) habe er den Roman begonnen. Er sieht aber auch, daß seine bisherigen literarischen Versuche, für die er erfolglos einen Verleger gesucht hatte, zu sehr »Gedankenpoesie« (ebd.) gewesen waren. Musil entscheidet sich mit dem *Törleß* also durchaus bewußt für ein Thema, das einer psychologischen und realistischen Erzählweise gleichermaßen entgegenkommt, und wählt instinktiv sicher ein Genre, das um die Jahrhundertwende bei Lesern und Leserinnen beliebt ist, den Schul- oder Internatsroman. Musil konnte somit von vornherein mit entsprechender publizistischer Aufmerksamkeit rechnen. So bewußt operativ wird er seine späteren Texte nicht mehr verfassen.

Die geistige Ausrüstung für den Roman, berücksichtigt man Musils jugendliches Alter von 22 Jahren, ist beträchtlich. Die Lektüre von Schillers ästhetischen Schriften fällt ebenso in die Zeit um die Jahrhundertwende wie das Studium der Aristotelischen Poetik und der Werke von Goethe und Novalis. Mit Kant setzt er sich auseinander, liest die *Kritik der Urteilskraft*, wenn auch bei weitem nicht mit demselben Interesse wie Hermann Broch. Doch Musil hat sich nicht nur mit dem bürgerlichen Bildungsgut vertraut gemacht, bevor er selbst seine Internatserfahrungen literarisiert. Er liest auch die damals aktuelle, teils heftig diskutierte Literatur: Essays von Ralph Waldo Emerson und Ellen Key, Prosa des Belgiers Maurice Maeterlinck, Bücher von d'Annunzio, Baudelaire, Mallarmé, Stratz, Przybyszewski und Wassermann. Die neuere Ästhetikdiskussion interessiert ihn, er liest Heinrich von Stein und Eduard von Hartmann. Zu Nietzsches Schriften entwickelt er ein ambivalentes Verhältnis, Musil ist ebenso beeindruckt wie irritiert (vgl. Seidler, 1965). In frühen Tagebuchaufzeichnungen wehrt er Nietzsches Philosophieren zunächst ab, es habe »nichts Lebendiges« (Tb I, S. 19), nur das Gehirn phantasiere. Im Mai 1902 fällt Musil dann ein Buch jenes Physikers und Philosophen in die Hand, der Musils Philosophieverständnis in den nächsten Jahren maßgeblich prägen wird, Ernst Mach.

Die Schul- und Internatsromane und -erzählungen sorgten um die Jahrhundertwende für einen literarischen Boom, Musils *Törleß* steht so gesehen eher am Ende dieser thematischen Orientierung. Um nur die wichtigsten Texte zu nennen: 1892 war Wildenbruchs Novelle *Das edle Blut* erschienen, 1902 folgte Rilkes kurze Erzählung *Die Turnstunde*; auch Rilke war ein Zögling desselben Militärinternats in Mährisch-Weißkirchen, dem »A-loch des Teufels« (ebd., S. 953), wie Musil. Seine Nachlaßerzählung *Pierre Dumont* gehört ebenfalls in den Kontext dieses Internatstextes. Im Jahr 1902 veröffentlichte auch Emil Strauß seinen Roman *Freund Hein*, Hermann Hesse schilderte seine Erlebnisse in dem Evangelisch-Theologischen Seminar Maulbronn in dem Roman *Unterm Rad* (1906), und 1909 folgte auch Robert Walsers Roman *Jakob von Gunten* (vgl. Ries 1970 u. Minder 1977). Als der *Törleß* im Oktober 1906 endlich erschienen ist, fällt die Reaktion des Lesepublikums wie der Kritiker überwiegend zustimmend aus, der Verlag bittet sogar um weitere Manuskripte. Alfred Kerr, mit dem sich Musil inzwischen auch privat angefreundet hat (vgl. Corino 1970), rezensiert den Roman am 21. Dezember 1906 in der Zeitung *Der Tag*: »In diesem jungen und wohl bald verrufenen, verzeterten, bespieenen Werk [...] sind Meisterstrecken. Das Starke seines Wertes liegt in der ruhigen, verinnerlichten Gestaltung abseitiger Dinge dieses Lebens,- die eben doch in diesem Leben sind«. Kerr hatte durchaus zutreffend erkannt, daß Musils Roman ein Tabu gebrochen hatte.

Die Militärrealschulen, wie Musils Konvikt zu W. im *Törleß*, sind das Produkt der ab 1848 durchgeführten Reformprozesse im Militärbildungswesen der k.u.k. Monarchie gewesen. Die ursprünglichen Militär-Erziehungshäuser und Kadetteninstitute waren in Militär-Realschulen umgestaltet, die Lehrpläne reformiert worden (vgl. Mulot 1977, S. 21ff.). Dennoch stand die Konditionierung der jungen Menschen auf soldatische und bürgerliche Tugenden, die Fixierung auf Gehorsam, Pflichterfüllung, Autoritätsgläubigkeit etc. im Mittelpunkt. Die Lehrer selbst waren durchweg aktive oder gediente Offiziere, ihre pädagogische Eignung hingegen spielte nur eine untergeordnete Rolle.

Gattungsgeschichtlich gesehen stellt der *Törleß* eine Variante zum klassischen Entwicklungsroman dar, indem er sich zeitlich auf den Zeitraum von »wenigen Wochen« (GW 6, S. 118) und räumlich auf den Sozialisationsort einer Internatsschule beschränkt. Das Primat der elterlichen Erziehungsgewalt ist abgegeben an eine Institution mit einem besonderen politischen und pädagogischen Auftrag: das Militär. Durch diese zeitliche und räumliche Beschränkung gewinnt die psychische Binnenperspektive, die der Roman in den Hauptfiguren entfaltet, erheblich an Bedeutung. Im Mittelpunkt stehen vier Figuren, Beineberg, Reiting, Törleß und Basini. Daß Musil selbst bei der Namenswahl und der Charakterisierung der Figuren sich an historischen Vorbildern seiner eigenen Internatszeit hält, überrascht nicht (vgl. dazu Corino 1972 u. Corino 1988). Für die Deutung der Figuren und Figurenkonstellationen im Roman sind diese autobiographischen Referenzen aber nur bedingt wichtig. Die Namen der vier Hauptpersonen – und nicht nur dieser – sind mindestens auch als sprechende Namen von Bedeutung, doch erklären solche Signifikanzen nicht die thematischen Zusammenhänge, die im *Törleß* entfaltet werden. Folgt man zunächst dem Titel, so kann man in ihm die beabsichtigte oder unbewußte Anspielung auf Goethes *Die Leiden des jungen Werthers* von 1774 erkennen. Der Schul- und Entwicklungsstatus eines Zöglings verweist auf die Bedeutung der körperlichen und psychischen Entwicklung eines jungen Menschen. Der Begriff der Verwirrung gibt eine Leseanleitung vor, es geht – wie im *Werther* – um psychische Irritationen mit einem bestimmten Leidensdruck, dessen Ausmaß der Titel noch nicht preisgibt. Eine direkte Textreferenz auf den Titel und dessen Leitbegriff installiert der Autor Musil ziemlich exakt in der Mitte des Textes. Schon hier läßt sich die Beobachtung festhalten, daß der Roman insgesamt strengen Kompositionsregeln gehorcht, retardierende und beschleunigende Episodenerzählungen gehören ebenso hierzu wie teils sich dramaturgischen Kriterien annähernde Dialogführungen und dramatische Zuspitzungen. Dem Text liegt eine dramaturgische Struktur zugrunde, deren Dominanz aber vom Autor mit extensiven Beschreibungen des Innenlebens von Törleß sorgfältig begegnet wird. Einen ersten Höhepunkt erfährt der Text an der Stelle, wo der Autor

die Verwirrung des Zöglings Törleß namentlich belegt: »[...]
wie auf ein Zeichen brach es nun von allen Seiten herein; eine
ungeheure Verwirrung mit sich reißend, die jeder Augenblick
aufs neue weiter breitete« (GW 6, S. 64, ähnlich auch S. 97,
119, 134 u. 140). Um die Ursache dieser Verwirrung und den
Grund, der sie auslöste, zu erfahren, bedarf es einer sehr sorgfäl-
tigen Lektüre der Eingangssequenz des Romans. Musil stellt
seinem Text ein Motto aus Maurice Maeterlincks Buch *Der
Schatz der Armen* voran, das Zitat stammt aus dem 4. Kapitel
mit dem Titel *Die Moral des Mystikers*. Dem Zitat gehen im
Original folgende beide Sätze Maeterlincks voran: »Es ist nur
zu wahr, dass die Gedanken, welche wir haben, den unsicht-
baren Bewegungen des inneren Bereiches eine willkürliche
Form geben. Es gibt tausend und abertausend Gewissheiten,
welche die verschleierten Königinnen sind, die uns durchs
Leben führen, und von denen wir doch nie sprechen« (Maurice Maeterlinck: *Der Schatz der Armen*. Autorisierte Ausgabe.
In das Deutsche übertragen v. Friedrich v. Oppeln-Bronikow-
ski. 3. Aufl. Jena 1906, S. 31). Damit wird der *Törleß* vom
Autor selbst in einen Verstehenszusammenhang hineingestellt,
der durch Begriffe wie Mystik, Moral, Sprach- und Wortlosigkeit gekennzeichnet ist. Weshalb hat Musil ein Motto aus Maeterlincks privatmythologisch-lebensphilosophischem Buch gewählt? Maeterlincks Suche nach einem »höhere[n] Bewusst-
sein« (ebd., S. 38) gipfelt in der Frage: »Gibt es eine mystische
Moral, die in Gegenden herrscht, welche weiter abliegen als
die unserer Gedanken?« (ebd., S. 36). Unverkennbar sind dies
Fragen, die den jungen Törleß beschäftigen, unverkennbar hat
sich auch Musils Stil an Maeterlincks Betrachtungen geschärft,
doch die Forschung folgte nur zu leichtgläubig dieser Spur,
läßt diese sich doch auch bis zu Ulrich, dem Protagonisten des
Mann ohne Eigenschaften verfolgen. Die Maeterlinck-Rezep-
tion Musils verläuft aber nicht ausschließlich affirmativ. Schon
im Mai 1905 notiert er kritische Bemerkungen zu den zeitgenössischen »Maeterlincks« (Tb I, S. 150) und ihrer eklekti-
schen Art zu philosophieren (vgl. Aler 1971).

Maeterlincks Trivialitätsmystik wird im *Törleß* unmittelbar
in der Eingangssequenz durch eine andere Szene konterka-
riert, es ist die Geschichte, die mit der Person Boženas verbunden ist. Der Roman beginnt mit einer Abschiedsszene,
Törleß, Beineberg, Reiting und einige namentlich nicht Ge-
nannte begleiten die Eltern von Törleß zum Bahnhof. Die
Bahn, am Ende des 19. Jahrhunderts Symbol für industriellen

Fortschritt und gesellschaftlichen Wohlstand, verbindet die Residenzstadt und Metropolen mit der Provinz, wo das Militärinternat liegt. Wie Dieter Fuder ausgeführt hat, wird in dieser Eingangssequenz des Romans auch ein Kontrast von Offenheit und Stillstand bzw. die Darstellung dieses Stillstands manifest (Fuder 1979, S. 43), an der Bahnhofsstation ist die Zeit regelrecht angehalten. Das Statische der äußeren Beschreibung lenkt den Blick der Leser und Leserinnen auf die Dynamik der psychischen Entwicklung der Hauptfigur. Die Randlage des Internats ist aber nicht nur eine geographische, sondern auch im Hinblick auf den Ausgang des ersten Weltkriegs eine soziographische. Die gesellschaftliche Bedeutung des Militärs verändert sich nachhaltig. Die Internatsschüler sind adlig, sie werden nach ihrer Schulausbildung gesellschaftliche oder militärische Führungspositionen besetzen. Insofern ist es auch fraglich, ob im Zerfall der Bewußtseinsidentität, den Musil im *Törleß* darstelle, der Zerfall des bürgerlichen Bewußtseins diagnostiziert werden kann (vgl. Mattenklott 1982 [¹1973], S. 267). Der Erzähler Musil hält sich in dieser Eingangsszene nicht bei der Beschreibung des Lokalkolorits auf, vielmehr hebt er die Bedeutung der Mutter von Törleß durch den einfachen Wechsel von eigentlichem zu uneigentlichem Schreiben, von der fiktiven Wirklichkeit zur fiktiven Metapher hervor (vgl. Magnou 1977). Die Mutter verbirgt ihren Abschiedsschmerz hinter einem realen »dichten Schleier«, während Törleß, der nun bereits seit vier Jahren Internatsschüler ist, die Vorgänge »wie durch einen Schleier« (GW 6, S. 8) wahrnimmt. Der Verlust der Mutter, der in der Eingangssequenz zunächst ein banaler ist, erweist sich im weiteren Fortgang des Romans sehr schnell als ein für Törleß gravierendes, leidvolles Erlebnis, da es den Abschied von der sexuell unschuldigen Kindheit bedeutet. Die Ausführungen Musils zu dem, was als Törleß' Heimweh beschrieben wird, halten sich zunächst sehr im Diffusen, »in Wirklichkeit war es aber etwas viel Unbestimmteres und Zusammengesetzteres« (ebd., S. 9). Unbestimmt und zusammengesetzt ist Törleß' Begehren nach seinen Eltern, die aber, je bewußter ihm dieses Begehren wird, mehr und mehr als Gegenstand des Begehrens verschwinden und durch andere Liebesobjekte ersetzt werden. Diese Substitution des begehrten Gegenstands dient dem Roman als Leitmotiv, es taucht nicht erst in der Basini-Episode auf, sondern ist von Beginn an vorhanden. Die Bedeutung dieser Substitution läßt sich auch daran ablesen, daß der

Autor, der sich bereits als auktorialer Erzähler eingeführt hat, unmittelbar danach (vgl. ebd., S. 9) die Erzählperspektive für einen kurzen Moment wechselt und nun in der Ich-Form schreibt. Dies ist auch die einzige Stelle im Roman, an der Musil die Ich-Form wählt, was die Signifikanz zusätzlich unterstreicht: »Ich meine diese gewisse plastische, nicht bloß gedächtnismäßige, sondern körperliche Erinnerung an eine geliebte Person, [...]« (ebd.). In einer Rückblende, die in die Abschiedsszene eingeschoben wird, erklärt Musil in wenigen Sätzen die jüngste Entwicklung Törleß' bis zu diesem Zeitpunkt. Die Ignoranz der Eltern, ihre Unsicherheit und Ratlosigkeit gegenüber dem pubertierenden Sohn macht diesem erstmals deutlich, daß er mit bestimmten Erlebnissen und Erkenntnissen alleine zu Rande kommen muß. Die Eltern jedenfalls erkennen nicht »das Symptom einer bestimmten seelischen Entwicklung« (ebd., S. 10), es ist die »beginnende Geschlechtsreife« (ebd., S. 12), die zu einer Loslösung von Vaterautorität und Mutterliebe führt.

Kontrastierend zu den Schienen der Bahn, die in die Weite der Welt draußen hinausführen, wird nun die »Enge des Institutes« (ebd., S. 16), die räumliche Begrenztheit und psychische Einengung des Internats kurz angedeutet. Neben den Sexualitätsdiskurs, der sich als eine wesentliche Form der Beschreibung von Törleß' Entwicklung darstellt, tritt das Thema der Schulkritik. Das Läuten der Schulglocke bedeutet den Hinweis des Erzählers darauf, daß es sich bei diesem Militärinternat gleichsam um ein weltliches Kloster handelt, mönchisch und kaserniert leben die Knaben, die weltlichen Novizen einer Herrschaftsgemeinschaft, dort. Doch der Weg in die Internatsisolation führt durch das kleine Städtchen. Der Erzähler geht mit Törleß an den Häusern und Hütten vorbei und schildert die Eindrücke, die Törleß empfängt. Dieser beobachtet die Arbeiter- und Bauernfrauen, sieht ihre nackten Arme, sie wehren sich gegen die sexuellen Belästigungen der Schüler. Wegen »Schüchternheit in geschlechtlichen Sachen« (ebd., S. 17) beteiligt sich Törleß an diesem Herrschaftsgebaren nicht. Statt dessen wird ihm sein Begehren nach dem anderen und dem noch nicht Gekannten mehr und mehr bewußt, doch gelingt es ihm nicht, es ihn Worte zu fassen. In diesem Aphasiemotiv, in der Bedeutung der Wort- und Sprachlosigkeit führt Musil die beiden bislang teils weniger, teils mehr ausgeführten Diskurse zusammen: Das Begehren ist sprachlos, die im Unterricht gelernte und durch die Schule vermittelte Sprache der Rationalität erweist sich als untauglich bei Törleß' Versuch, etwas so Elementares wie sexuelles Begehren zu diskursivieren. An dieser Diskrepanz wird Törleß schließlich scheitern. Zugleich wird darin auch ein grundsätzliches erzählerisches Problem erkennbar, das Musil durchaus bewußt ist: Wie soll es gelingen, als Erzähler etwas zu beschreiben, was der Figur nicht beschreibbar erscheint, ohne das Schwebende daran, die nicht festgelegte Bedeutung aufzugeben und sich in die Rolle des allwissenden Erzählers zu flüchten? Wie läßt sich etwas diskursivieren, was eigentlich keine Sprache hat? Dieses Schreibproblem wird bis zum *Mann ohne Eigenschaften* virulent bleiben. Das Besondere an Musils Diskursivierungsformen des Begehrens liegt darin, daß er diese nicht einfach figuriert oder Worte den Figuren in den Mund legt. Vielmehr zwingt ihn die Wortlosigkeit der Hauptfigur Törleß selbst dazu, den Sexualitätsdiskurs anstelle seiner Figuren zu führen. Damit wahrt er als Erzähler die Möglichkeit zur Distanz wie zur Korrektur, zur ironischen Brechung ebenso wie zur Ungenauigkeit und Bildlichkeit von Figurenphantasien. Der Versuch von Törleß, vor dem Lehrerkollegium seine Verteidigung selbst zu übernehmen, zeigt die Schwierigkeit und Ausweglosigkeit dieses Unterfangens. Der Autor ist also von Beginn an der verschworene Mitwisser von Törleß' Verwirrungen. Daraus aber einen Autobiographieverdacht ableiten zu wollen, wäre mehr als einseitig.

Beineberg, mit dem Törleß eine Konditorei aufsucht, wird als ein Schüler mit sicherem Herrschaftsinstinkt und verquastem Spiritualismus geschildert (übrigens erinnert diese Konditoreiszene sehr an Rilkes Erzählung *Pierre Dumont* von 1894, die allerdings erst 1932 veröffentlicht wurde). Für ihn bedeutet die Auskunft über die psychische Befindlichkeit einer Person die Möglichkeit zu deren Manipulation. Insofern ist Beineberg gleichermaßen Abbild und Karikatur der bürgerlichen Welt (Desportes 1974, S. 291). Überzogen ist aber die Behauptung, Musil habe mit dem *Törleß* seine eigentliche Dissertation über Mach geschrieben (ebd., S. 294). So verstanden wäre die gesamte Literatur der Moderne eine Dissertation über Mach. Törleß stellt beim Gespräch mit Beineberg fest, daß sich unvermutet wieder »etwas Geschlechtliches« (GW 6, S. 21) zwischen seine Gedanken drängt. Galt zuvor dieses Begehren der Mutter und in Folge deren Ersatz durch ein noch nicht genauer konturiertes Bild, so bekommt jetzt sein Begehren eine unzweideutig homosexuelle Ausrichtung. Doch noch reagiert er darauf mit Abscheu, Ekel und Widerwillen (vgl. ebd.). Die Angst vor der bevorstehenden Beengtheit des Internats und der Schmerz über den, durch den Abschied neu vollzogenen Verlust der familialen Sicherheit, manifestieren sich bei Törleß nun körperlich, er beginnt zu frieren, innerlich zu erkalten und zu erstarren. Musil verbindet die Schilderung dieser Gefühlssituation sogleich wieder mit Törleß' elementarer Erkenntnis, daß er nun einsam ist. Einsamkeit und Langeweile werden im *Törleß* vom Autor nicht nur als Motive der zeitgenössischen Literatur des Fin de siècle aufgenommen und variiert. Vielmehr überführt Musil Törleß' Einsamkeit sogleich in eine Sehnsucht. Für Törleß erscheint die Einsamkeit, der Verlust der Mutter, als figurierte Frau, die aber noch gesichtslos ist. Diese Figurierung ist weit mehr als ein Tagtraum; indem Musil gezielt Metaphern der Herrschaftssprache wählt, verschränkt er den Sexualitätsdiskurs mit einem Herrschaftsdiskurs. Die Einsamkeit wird personalisiert als »Herrin [...] der schwarzen Scharen« (ebd., S. 24), welche die Schatten der Dunkelheit darstellen und »wie schwarze Eunuchen« (ebd., S. 25) bedrohlich auf Törleß wirken. In der Bedrohung durch die Dunkelheit wird die Sexualität selbst als bedrohlich erfahren. Musils Erzählkommentar fällt knapp und präzise aus: »Das war seine Art der Einsamkeit, seit man ihn damals im Stiche gelassen hatte – im Walde, wo er so weinte. Sie hatte für ihn den Reiz eines Weibes und einer Unmenschlichkeit. Er fühlte sie als eine Frau, aber ihr Atem war nur ein Würgen in seiner Brust, ihr Gesicht ein wirbelndes Vergessen aller menschlichen Gesichter und die Bewegungen ihrer Hände Schauer, die ihm über den Leib jagten ....« (ebd.). Die Einsamkeit erscheint Törleß als Verführerin wie auch als begehrte Frau, von der eine Bedrohung für ihn ausgeht. Dem Erzähler Musil gelingt es, mit dieser Form des personalisierten Begehrens eine Sprache für dieses zu finden und zugleich das Thema Einsamkeit dem um die Jahrhundertwende abgegriffenen Inventar der Topoi von Naturschilderungen zu entreißen.

An Musils Figurierung der Einsamkeit als begehrte Frau schließt sich folgerichtig der Besuch Beinebergs und Törleß' bei der Prostituierten Božena an. Božena heißt Gottesfrau, und ob Musil möglicherweise durch den gleichnamigen Roman *Božena* (1876) von Marie von Ebner-Eschenbach zu dieser Figur und ihrem Namen angeregt worden war, ist ungewiß. Jedenfalls hatte der Name Božena bereits literarische

Ehren erhalten, und Musil schafft dadurch eine bewußte oder unbewußte intertextuelle Vergleichbarkeit. Musils Božena ist für die Deutung des *Törleß* insofern wichtig, als sie die Kontrastfigur zur Mutter darstellt. Erzähltechnisch verbindet Musil beide Figuren dadurch, daß er an ihnen die Bedeutung ihres spezifischen Geruches für Törleß herausstellt. Božena ist von bäuerlicher Herkunft, an ihrem Wesen hafte ein »Kuhstallduft[e]« (ebd., S. 28), während ihre Freier ihr Parfüm schätzten. Dem soziologischen Herkunftsgeruch Boženas steht die feine Welt der Hofrätin Törleß gegenüber (diese Welt karikiert Božena trefflich im anschließenden Gespräch mit Beineberg), während dem je unterschiedlichen Körpergeruch für Törleß das Signum von Geschlechtlichkeit anhaftet. Bezeichnenderweise endet der Roman mit einem Satz, mit dem die Musil-Forschung bislang wenig anzufangen wußte: »Und er [sc. Törleß, M.L.] prüfte den leise parfümierten Geruch, der aus der Taille seiner Mutter aufstieg« (ebd., S. 140). Wolfgang Frier schreibt dazu: »Die markanteste Duftsensation findet sich am Ende des Romans, sie entspricht der angestrebten Verfeinerung des Protagonisten« (Frier 1976, S. 220). Doch impliziert das Romanende weit mehr als den Hinweis auf den zukünftigen Ästheten. Törleß erkennt: »Eine Frau ist etwas mit Geruch«, wie es Gottfried Benn wenige Jahre später in dem Gedicht *D-Zug* (1912) formulieren wird. Der Ort des Geruchs ist der Ort von Törleß' Herkunft und ist zugleich auch der Ort seines Begehrens für die Dauer seiner Internatsverwirrungen.

Törleß ist nicht das erste Mal bei Božena, jeden Sonntagabend geht er zu ihr (vgl. GW 6, S. 30). Er, wie auch andere Zöglinge, suchen die Prostituierte auf, um sich mit ihr zu »unterhalten« (ebd., S. 29). Dabei läßt Musil offen, ob dies im buchstäblichen Sinn oder übertragen zu verstehen ist, Unterhaltung als Gespräch, als Diskursereignis oder Unterhaltung als sexueller Verkehr, als Gefühlsereignis. Božena, selbst am unteren Ende der sozialen Stufenleiter, gewinnt mit ihrer Sexualität Macht über die adligen Zöglinge, sie kommen förmlich zu ihr »gekrochen« (ebd.). Gegenüber Božena setzt Törleß seine Unterwerfungsphantasien frei, er genießt das »Heraustreten aus seiner bevorzugten Stellung unter die gemeinen Leute; unter sie, – tiefer als sie!« (ebd., S. 30). Er phantasiert jene Erniedrigung, die Basini später als real erfährt. Sexualität in ihrer käuflichen Form erweist sich somit als Möglichkeit, gesellschaftliche Machtverhältnisse umzukehren,

Törleß empfindet dies gar als »Kultus der Selbstaufopferung« (ebd.), womit er das narzißtisch aufwertet, was ihm in der Wirklichkeit der gesellschaftlichen Machtverhältnisse als Amoralismus oder Doppelbödigkeit entgegenträte. Außerdem wird deutlich, daß das Gesicht der ›Herrin Einsamkeit‹ sich nun allmählich zu konturieren beginnt: Nach dem Verlust der Mutter besetzt Božena zunächst Törleß' Begehren, sie drängt sich förmlich in dessen Vorstellungswelt an die Bedeutung seiner Mutter heran (vgl. ebd., S. 33).

Während Božena sich Törleß also als Inbegriff sexuellen Begehrens darstellt, versucht dieser seine Mutter noch »jenseits alles Begehrens« (ebd., S. 33) als geschlechtsloses Wesen zu phantasieren. Doch zugleich wird ihm die Unwahrheit dieser Vorstellung bewußt, die Kindheit ist endgültig verabschiedet. Der Erzähler bündelt dies in der Bemerkung: »Er [sc. Törleß] sättigte sich mit seinen Augen an Božena und konnte dabei seine Mutter nicht vergessen« (ebd.),- nebenbei macht diese Textstelle auch auf die Bedeutung der sinnlichen Wahrnehmung für Törleß aufmerksam (vgl. Vogl 1987 u. Pekar 1989, S. 39ff.). Der Aufenthalt bei der Prostituierten war für ihn zur »einzigen und geheimen Freude geworden« (GW 6, S. 29). Das Verbotene und Verruchte wie die sozial verstoßene Frau bilden für Törleß bis dahin den notwendigen emotionalen und psychischen Gegenpol zur ordnungsgemäßen Schulausbildung. Musil läßt von Beginn an keinen Zweifel daran aufkommen, daß es in seinem Roman auch oder vor allem – dies ist eine Frage des Ermessensstandpunkts der Interpretatoren – um das Problem jugendlicher Sexualität geht. Dies zeigt schon der Umfang, mit dem er den *Sexualitätsdiskurs* am Leitfaden der Törleß-Geschichte in der Eingangssequenz des Romans einführt. Fast ein Viertel des Gesamtumfangs machen die Abschiedsszene, die Konditoreiszene und die Božena-Szene aus.

In den Sexualitätsdiskurs eingeschrieben ist ein Motiv, das den gesamten Text durchzieht; diese Webstruktur des Autors läßt sich auch an anderen Motiven verfolgen. Die Božena-Geschichte endet damit, daß Törleß völlig unfähig ist, ein Wort zu sagen. Törleß ist vollkommen sprachunfähig, als die begehrte Frau ihn berührt und ihn zu einer sexuell konnotierten Handlung, einem Kuß, nötigt (vgl. ebd., S. 36). Törleß antwortet mit Sprachlosigkeit auf das Begehren, oder anders gesagt: Das weibliche Begehren macht ihn sprachlos. Diese Aphasie bleibt bis zum Schluß des Romans erhalten, wo es in einem etwas kitschigen Vergleich heißt: »Er konnte nicht viel davon erklären. Aber diese Wortlosigkeit fühlte sich köstlich an, wie die Gewißheit des befruchteten Leibes« (ebd., S. 140). Törleß wird die richtige Sprache für sein Begehren nicht finden, alle Erklärungs- und Mitteilungsversuche werden scheitern.

Mit der Nachricht, daß der diebische Mitschüler nun endlich entdeckt sei, wird gewissermaßen der zweite Akt eröffnet, die Törleß-Geschichte wird mit der Basini-Geschichte (vgl. ebd., S. 36 ff.) zusammengeführt. Dies gibt dem Erzähler die Möglichkeit – neben den Vorteilen einer Spannungsführung –, die Bedeutung des Sexualitätsdiskurses zunächst zurückzunehmen und einen anderen Diskurs zu entfalten: den *Herrschaftsdiskurs*. In der geheimen roten Kammer wird Törleß über die Vorkommnisse unterrichtet. Die Machtbalance innerhalb des Herrschertriumvirats Reiting, Beineberg und Törleß ist keineswegs stabil, und obwohl sich Törleß am konspirativen Ort, der von Musil fast als geheimbündlerischer Treffpunkt beschrieben wird, nicht wohl fühlt, bereitet ihm seine Rolle als »geheimer Generalstabschef« (ebd., S. 41) durchaus Lust. Törleß gehört vom Beginn bis zu seinem Weggang aus dem Internat mit zu dieser Herrschaftstriade, wie er ja auch eine frühzeitige Rettung Basinis verweigert. Er ist also Repräsentant des von Musil beschriebenen Herrschaftstypus. Reiting hingegen geriert sich als »Tyrann« (ebd., S. 40) und versucht diese Rolle auch im Hinblick auf ihre spätere gesellschaftliche Adaptionsfähigkeit zu studieren. Basini aber ist das Opfer, er hat Beineberg etwas Geld gestohlen und soll dafür von den dreien exemplarisch bestraft werden. Die Richter sind zugleich auch die Henker, Musil karikiert hier in historischer Antizipation den Verfall demokratischer Gewaltenteilung. Reiting, Beineberg und Törleß sind diejenigen, die für die Binnenstruktur der Schülergruppe den Sittenkodex erstellen, die willkürlich Recht sprechen und die Bestrafung selbst ausführen. Während Reiting ausführlich erzählt – Musil unterstreicht damit nochmals die Bedeutung der Diskursivierung, wie sie Törleß noch nicht möglich ist –, empfindet dieser einen eigenartigen Gefühlszustand. Der Erzähler weist dieses Gefühl sofort als sexuelle Phantasie aus und knotet mit seinem Erzählereingriff den Herrschaftsdiskurs mit dem Sexualitätsdiskurs zusammen: »Man sagt, daß es so dem ergehe, der zum ersten Male das Weib sehe, welches bestimmt ist, ihn in eine vernichtende Leidenschaft zu verwickeln« (ebd., S. 45). Wieder ist es also der Autor, der den Leser auf die Spur setzt. Für Törleß hängt dieser Zustand diffus mit Božena zusammen (vgl. ebd., S. 46), aufgefordert, zu sprechen, vermag er nur zu sagen, daß Basini ein Dieb ist. Daß er ihn allerdings als Magd, und nicht als Knecht bezeichnet (vgl. ebd., S. 47), ist signifikant: Es ist die allmähliche Verschiebung seines Begehrens, das bislang noch auf Božena als ›Frau schlechthin‹ gerichtet war und nun die späteren homosexuellen Handlungen vorbereitet. Beineberg und Reiting, »die heutigen Diktatoren in nucleo« (Tb I, S. 914), mißbrauchen ihren Mitschüler Basini schon länger. Während Beineberg aber von einem ideologisch verbrämten Sadismus geleitet wird, entwickelt sich bei Törleß der Zusammenhang von Lust und Qual, Macht und Begehren erst allmählich. Für ihn ist in Basini das Wirklichkeit geworden, was ihm bislang nur sehr diffus in seinen Tagträumen und Phantasien begegnet war, Božena aber ist ihm nun »gleichgültig geworden« (GW 6, S. 61).

Bei einem nächtlichen Treffen auf dem Dachboden in der roten Kammer wird Basini von Beineberg und Reiting ausgepeitscht. Die Schmerzlaute Basinis, das Stöhnen Beinebergs, die gesamte sexuell aufgeladene Atmosphäre in der Kammer versetzen Törleß in einen »Zustande geschlechtlicher Erregung« (ebd., S. 70). Die nachfolgende angedeutete Masturbationsszene gehört sicherlich zu den Höhepunkten fiktionaler Diskursivierung von Sexualität, ohne den in der josephinischen und wilhelminischen Gesellschaft eng gesteckten Rahmen der Schicklichkeit zu verletzen. Von Törleß kommt der Vorschlag, daß Basini sich selbst bezichtigen solle: »Sag doch, ich bin ein Dieb« (ebd., S. 72), und Beineberg und Reiting ergänzen: »Ich bin ein Tier, ein diebisches Tier, *euer* diebisches, schweinisches Tier!« (ebd.). Wurde zu Beginn des Romans noch die »Sinnlichkeit« (ebd., S. 18) als Synonym für Sexualität animalisiert und war dort von tierischer Sinnlichkeit die Rede, so wird nun der Mensch Basini zum Tier, die Sexualität verdinglicht sich in der Person des anderen, später muß Basini gar bellen wie ein Hund und grunzen wie ein Schwein (vgl. ebd., S. 101 f.). Basini ist für Törleß jetzt ausschließlich Begehrensobjekt.

Ziemlich exakt in der Mitte des Romans führt Musil eine entscheidende retardierende Episode ein. Törleß versucht, mit den Mitteln der Vernunft sich Aufklärung über seinen Zustand und über die von diesem ausgehenden Irritationen, eben

Verwirrungen, zu verschaffen. Diese Episode mit dem anonymen Mathematiklehrer (wie überhaupt die Lehrer im Gegensatz zu den Schülern namenlos bleiben) ist der Versuch, mit den Mitteln der ›geschulten Vernunft‹ das in Sprache zu bringen, was sich nicht diskursivieren läßt. Dahinter verbirgt sich natürlich auch der grundsätzliche Widerspruch von Rationalität und Sexualität, Vernunft und Begehren. Dies wird bereits in Musils subtiler Beschreibung der Wohnung und der Lebenssituation des Mathematiklehrers deutlich. Törleß muß zur Wohnung des Lehrers eine »Treppe« (ebd., S. 75) hinauf steigen; auch in Boženas Zimmer gelangte er nur über eine »Stiege« (ebd., S. 28). In den Begriffen Treppe und Stiege drückt sich aber nicht nur die unterschiedliche soziale Lage eines Lehrers und einer Prostituierten aus. Vielmehr sind für Törleß beide Formen neuer Erlebnisse und neuer Erkenntnisse, Rationalität und Sexualität, nicht direkt, ohne Mühen zugänglich. Der Zugang über eine Treppe oder Stiege vermag auch einen möglichen Erkenntnisfortschritt Törleß' anzudeuten. Und schließlich wird in der Gleichstellung beider Erfahrungs- und Erkenntnisbereiche durch den Erzähler die Aufklärungskraft der Vernunft, welche sich Törleß zumindest von seinem Besuch beim Mathematiklehrer erhofft, in den Begehrensdiskurs eingeschrieben. Wie in einem »Konkubinat mit der Mathematik« (ebd., S. 75) lebe der Lehrer, also in einer Liebesgemeinschaft mit einer Vernunftwissenschaft. Erst am Ende wird Törleß begreifen, daß das, wonach er suchte, das Begehren, nur wenig mit Vernunft zu tun hatte (vgl. ebd., S. 139), und das, was ihm als vernünftiges Verhalten durch Eltern, Schule und Unterricht abverlangt worden war, stets nur instrumentelle Vernunft meinte.

Gegenüber dem Mathematiklehrer macht Törleß wieder die Erfahrung der Sprachlosigkeit, Begehren und Vernunft scheinen sich beide gleichermaßen der Arbeit am Begriff zu entziehen. Doch Musil bricht die scheinbare Vernünftigkeit des Lehrers sofort ironisch, die »gewünschte Aufklärung« (ebd., S. 76) wird unter einem Wortschwall begraben (vgl. ebd., S. 77). Auch von der Selbstaufklärung Törleß' durch die Lektüre einer bildungsbürgerlich aufbereiteten Kant-Auswahl rät der Lehrer ab. Dies aus gutem Grund, ist es doch Kant, der mit seiner Losung ›sapere aude!‹ die emanzipative Selbstaufklärung nachgerade verlangt. Das Resultat von Törleß' vergeblicher Aufklärung ist vernichtend, er verbrennt seine bisherigen poetischen Arbeiten, der poetische Diskurs hat sich für ihn als untauglich bei dem Versuch erwiesen, dem Begehren eine Sprache zu geben. Törleß träumt sogar von Kant, doch wieder ist es der Autor, der die unmittelbare Deutung liefert, der Traum wird mit einem luxuriösen erotischen Stoff, einer Decke aus Seide verglichen, »die über die Haut eines nackten Körpers hinuntergleitet, ohne ein Ende zu nehmen« (ebd., S. 85). Das Verschwinden der Vernunft entkleidet den Körper seines Schutzes, zugleich ist Vernunft Bekleidung, attributiv und nicht wesentlich, unter der Vernunft liegt das Begehren, und der Traum wie auch die Phantasie sind Möglichkeiten, sich dem Schutz der Vernunft wie der Bervormundung durch sie zu entziehen. Musil bietet an den Gelenkstellen seines Textes wiederholt sexualmetaphorische oder direkt sexuale Vergleiche. Die Deckenmetapher taucht auch wenig später wieder auf, um die körperliche Anziehung, die von Basini auf Törleß ausgeht, zu beschreiben; es sei, »wie wenn man in der Nähe eines Weibes schläft, von dem man jeden Augenblick die Decke wegziehen kann« (ebd., S. 93). Statt seine poetischen Versuche weiterzuführen, versucht Törleß sich in einem wissenschaftlichen Diskurs Klarheit über Vernunft, Macht und Begehren zu verschaffen. Er legt ein Heft mit dem anspruchsvollen Titel ›De natura hominum‹ an, doch kommt er über einige Reflexionen nicht hinaus. Am Ende dieser Überlegungen steht aber eine elementare Einsicht, die durchaus als Umschlagpunkt des Romans gelesen werden kann. Geradezu körperlich wird Törleß von folgender Frage gepackt: »Sind auch die Erwachsenen so? Ist die Welt so? Ist es ein allgemeines Gesetz, daß etwas in uns ist, das stärker, größer, schöner, leidenschaftlicher, dunkler ist als wir?« (ebd., S. 92). Törleß vermag diese Frage nun mit einem klaren Ja zu beantworten.

Demzufolge ist die Liebesszene zwischen Törleß und Basini nur schlüssig. Eines Abends, als Beineberg und Reiting über ein Wochenende außer Haus sind, peinigt eine »mörderische Sinnlichkeit« (ebd., S. 96) Törleß, fast zwanghaft fühlt er sich im Schlafsaal zu Basini hingezogen. Törleß' Begehrensobjekt ist vollständig durch den Knabenkörper besetzt. Törleß befindet sich bereits auf dem Weg zu Basinis Bett, da erwacht dieser, erkennt die Situation, und »wie ein geschulter Lakai« (ebd., S. 98) geht er voran und macht sich auf den Weg zum Dachboden. Als Basini nackt vor ihm steht, erfährt Törleß erstmals unmittelbar körperliche Schönheit; ästhetisches Erleben und sexuelles Verlangen sind für ihn eins. Nicht mehr

Beineberg und Reiting üben Macht aus, sondern das Begehren hat Macht über den nackten Körper:

»Als er sich umdrehte, stand Basini nackt vor ihm. Unwillkürlich trat er einen Schritt zurück. Der plötzliche Anblick dieses nackten, schneeweißen Körpers, hinter dem das Rot der Wände zu Blut wurde, blendete und bestürzte ihn. Basini war schön gebaut; an seinem Leibe fehlte fast jede Spur männlicher Formen, er war von einer keuschen, schlanken Magerkeit, wie der eines jungen Mädchens. Und Törleß fühlte das Bild dieser Nacktheit wie heiße, weiße Flammen in seinen Nerven auflodern. Er konnte sich der Macht dieser Schönheit nicht entziehen. Er hatte vorher nicht gewußt, was Schönheit sei. Denn was war ihm in seinem Alter Kunst, was kannte er schließlich davon?! Ist sie doch bis zu einem gewissen Alter jedem in freier Luft aufgewachsenen Menschen unverständlich und langweilig! Hier aber war sie auf den Wegen der Sinnlichkeit zu ihm gekommen. Heimlich, überfallend. Ein betörender warmer Atem strömte aus der entblößten Haut, eine weiche, lüsterne Schmeichelei. Und doch war etwas daran, das zum Händefalten feierlich und bezwingend war« (ebd.).

Dann zwingt Törleß Basini das zu tun, wozu er selbst nicht in der Lage ist, Worte zu finden und zu erzählen. Imperativisch fordert er von Basini: »Du mußt mir alles erzählen!« (ebd., S. 99). Das Wissen über die sexuellen Handlungen der anderen bedeutet Macht zu haben über deren Sexualität. Törleß begreift nun diskursivierte Sexualität als Herrschaftsform, das Wissen bedingt Macht. Das Verhör findet im Schlafsaal eine nicht-verbale Fortsetzung. Törleß erwacht, als sich Basini auf sein Bett setzt und dann »seinen nackten, zitternden Leib an Törleß [preßt]« (ebd., S. 107).

An dieser Textstelle, nach der Beschreibung der homosexuellen Liebesnacht, schaltet sich wieder der Autorkommentar dazwischen und resümiert zugleich die bisherige Entwicklung von Törleß:

»Aber man darf auch wirklich nicht glauben, daß Basini in Törleß ein richtiges und – wenn auch noch so flüchtig und verwirrt – wirkliches Begehren erregte. Es war allerdings etwas wie Leidenschaft in Törleß erwacht, aber Liebe war ganz gewiß nur ein zufälliger, beiläufiger Name dafür, und der Mensch Basini nicht mehr als ein stellvertretendes und vorläufiges Ziel dieses Verlangens. Denn wenn sich Törleß auch mit ihm gemein machte, sein Begehren sättigte sich niemals an ihm, sondern wuchs zu einem neuen, ziellosen Hunger über Basini hinaus. [...] Dieses übrige des Begehrens war schon längst,- war schon bei Božena und noch viel früher dagewesen« (ebd., S. 109).

Törleß' Begehren hat also einen mehrfachen Objektwechsel erfahren, anfänglich von der Mutter wurde es auf Božena gelenkt, dann auf Törleß selbst, schließlich auf Basini, und Musil läßt offen, ob diese Entwicklung auf einen festen und endgültigen Punkt zuläuft. Für ihn ist nicht das Endziel wichtig, sondern die psychische Entwicklung, die der junge Törleß in dieser kurzen Zeit erfährt.

Nach der Rückkehr Beinebergs und Reitings wird ein letztes sadistisches Experiment an Basini durchgeführt, durch Hypnose soll seine Seele materialisiert werden. Törleß weiß nun, daß er zu einem »Abschluß« gekommen ist, »etwas ist vorbei« (ebd., S. 122). Daß er Basinis Bitten um Hilfe grob zurückweist, zeigt, daß er die Mechanismen der Macht wiedergefunden hat. Die Auflösung von Hierarchien und Machtverhältnissen, der Verzicht auf den Gebrauch der Vernunft und der Verstoß gegen gesellschaftliche Normen sind für Törleß nur so lange sinnvoll, wie es ihn interessiert und ihm nützt. Daß er in letzter Minute dann doch noch Basini vor der drohenden Bestrafung durch die gesamte Klasse und der Anzeige bei der Schulleitung warnt (vgl. ebd., S. 129), ist für Basinis Schicksal unerheblich. Er war als Opfer einer Tätergesellschaft stigmatisiert, ohne Chance auf Rechtfertigung oder Wiedergutmachung. Geradezu ins Groteske verzerrt Musil Törleß' Suche nach dem anderen in der letzten Szene des Romans, Törleß muß sich vor dem Lehrerkollegium für sein Verschwinden aus dem Internat rechtfertigen und sich zu dem ›Fall Basini‹ äußern. Während der Religionslehrer ein theologisches Bedürfnis bei Törleß ausmacht, konstatiert der Mathematiklehrer eine »ungeschulte[n] Vernunft« (ebd., S. 135) und »Anlage zum Hysteriker« (ebd., S. 138), empfiehlt der Direktor den Wechsel von einer öffentlichen Schule in »Privaterziehung« (ebd.). Und in der Tat, Törleß' Apologie fällt recht zweifelhaft aus, er flüchtet sich in eine Abstraktion, der die Rückbindung an seine Erfahrungen zu fehlen scheint. Ob darin eine Schwäche des Romans zu sehen ist, mag dahingestellt bleiben. Jedenfalls würde Musil dadurch das Motto Maeterlincks nachträglich bestätigen, daß die Sprache die Entwertung von Bedeutung darstellt:

»Ja, es gibt tote und lebendige Gedanken. Das Denken, das sich an der beschienenen Oberfläche bewegt, das jederzeit an dem Faden der Kausalität nachgezählt werden kann, braucht noch nicht das lebendige zu sein. Ein Gedanke, den man auf diesem Wege trifft, bleibt gleichgültig wie ein beliebiger Mann in der Kolonne marschierender

Soldaten. Ein Gedanke, – er mag schon lange vorher durch das Hirn gezogen sein, wird erst in dem Momente lebendig, da etwas, das nicht mehr Denken, nicht mehr logisch ist, zu ihm hinzutritt, so daß wir seine Wahrheit fühlen, jenseits von aller Rechtfertigung, wie ein Anker, der von ihm aus ins durchblutete, lebendige Fleisch riß ... Eine große Erkenntnis vollzieht sich nur zur Hälfte im Lichtkreise des Gehirns, zur andern Hälfte in dem dunklen Boden des Innersten, und sie ist vor allem ein Seelenzustand, auf dessen äußerster Spitze der Gedanke nur wie eine Blüte sitzt« (ebd., S. 136 f.).

Die Erkenntnis, daß alles geschieht, wie es geschieht (vgl. ebd., S. 125), und daß die Dinge die Dinge sind und es auch immer bleiben werden (vgl. ebd., S. 138), ist das Eingeständnis der Unmöglichkeit jedweder Veränderungen. Insofern bietet der Roman auch keinerlei Ansatzpunkt einer utopischen Lösung. Eher personifiziert die Figur des Törleß die niedere aristokratische Gesellschaftsschicht im Vorkriegsösterreich, sie zeigt die Ausrichtung eines jungen Menschen auf eine dekadente Lebensführung. Das Thema des sexuellen Begehrens erscheint in der Apologie des jungen Törleß »nur in erkenntnistheoretisch nobilitierter Form. Das abschließende Räsonnement setzt damit einen grossen Teil der konkreten Gestaltung des Romans ausser Kraft« (Howald 1984, S. 76). Törleß ist auf der Suche nach Worten zum Mitläufer, ja zum Mittäter geworden. In der Forschung wurden allerdings meist nur Beineberg und Reiting als Täter benannt, doch ist auch und gerade Törleß' Verhalten gegenüber Basini durchaus als Einübung in ein späteres Leben zu verstehen (vgl. dagegen Baur 1973, S. 37) und ist keineswegs nur von »Wissensbegierde geprägt« (Hafner 1986, S. 38).

Die ältere Forschung sieht im Roman vorwiegend nur die Darstellung von Erkenntnis- und Ausdrucksproblemen (so z. B. Stopp 1968, S. 211). Noch 1977 mußte Jacqueline Magnou (1977) Musil vor seinen Interpreten in Schutz nehmen, indem sie nachwies, daß im *Törleß* keineswegs Homosexualität erklärt oder gar verteidigt werden solle und der Schriftsteller Musil mit dem Wissenschaftler Freud in Konkurrenz trete. Treffend stellte sie fest, daß Musil mit dem *Törleß* und Freud mit seinen *Drei Abhandlungen zur Sexualtheorie* von 1905 »an dieselben Tabus derselben Gesellschaft [rührten]« (ebd., S. 155). Im Brief an Paul Wiegler vom 21. 12. 1906 hatte Musil selbst erklärt: »Statt Basini könnte ein Weib stehen u. statt der Bisexualität Sadism. Masochism. Fetischism« (Br I, S. 23). Hans-Georg Pott weist daher auf die zunehmende

Bedeutung des Themas Sexualität in der Literatur nach 1900 hin und vermeidet so, in den Roman die Singularität eines Themas hineinzulesen, das seinem Autor hingegen als Bestandteil des literarischen, wissenschaftlichen und öffentlichen Gesprächs vertraut war (Pott 1984, S. 12). Pott kennzeichnet die »Internatskultur« als »Modell der Kulturisation der Gesellschaft und des Staates« (ebd., S. 18). Hier werden jene Herrschaftsmechanismen im sozialen wie im sexuellen Umgang miteinander eingeübt, die später im Leben Handlungen definierten, die Adorno mit dem Begriff des autoritären Charakters belegt hatte. Beineberg, Reiting und Törleß würden an Basini nur das ausüben, was an ihnen selbst ausgeführt wird. Die Folter des schulischen Erziehungssystems dient der Verinnerlichung von gesellschaftlichen Kontrollinstanzen, die sie benötige, um ihre Mitglieder kontrollieren und ihre Herrschaft stabilisieren zu können (ebd., S. 19). Gegen diesen Sozialisationsprozeß rebelliert der junge Törleß, das wird deutlich in der Szene, wo Törleß seinen Mathematiklehrer besucht, unzweifelhaft ist es schließlich in seiner Verteidigung vor dem Lehrerkollegium am Ende des Buchs. Zugleich befindet sich Törleß aber auch in einer Erkenntnis- und Sprachkrise, doch anders als Hofmannsthals Lord Chandos vermag Törleß diese Krise nicht sprachlich zu artikulieren, sondern er bleibt sprachlos. Nur der Autor ist in der Lage, diese Krise darzustellen. Die Krisenerfahrungen, die Törleß gemacht hat (Sexualität, Erkenntnis, Sprache) kann er nicht in geordnete Rede überführen. Es bleibt ihm nur der Weggang vom Ort der Sprachlosigkeit. Annie Reniers-Servranckx (1972) hingegen interpretiert den Roman nicht, sie paraphrasiert den Inhalt und perspektiviert den Text fast ausschließlich im Hinblick auf Musils ›Hauptwerk‹, den *Mann ohne Eigenschaften*. Eine Genealogie von Themen und Motiven herzuleiten, fällt dann nicht schwer, doch ist deren Rückschlagkraft auf die Deutung des *Törleß* nicht ergiebig. Lars W. Freij hat in seiner Arbeit › *Türlosigkeit‹. Robert Musils »Törless« in Mikroanalysen mit Ausblicken auf andere Texte des Dichters* (1972) wortstatistische und Wortfeldforschungen zum *Törleß* vorgelegt. Besonders das von Musil im *Törleß* wiederholt verwendete ›Es‹ und ›Etwas‹ weisen nach Freij auf un- oder überpersönliche Mächte (vgl. ebd., S. 41). Dieses nicht näher umschriebene ›Etwas‹ werde sowohl positiv als auch negativ geschildert, einmal als Ort der Sehnsucht, zum anderen als der Ort, von dem aus Bedrohung für den jungen Törleß ausgeht. Beides gilt

gleichermaßen für die Sinnlichkeits- wie für die Erkenntnis-
sehnsucht. Freijs Untersuchung der emphatischen Ausdrucks-
mittel des *Törleß* hat erstmals die Emotionalisierung des Textes anhand seines Wortbestands, der durch besondere typo-
graphische Auffälligkeiten verstärkt wird wie z.B. Auslassungspunkte, Absatzmarkierungen etc., aufgedeckt (ebd., S. 45ff.).
Dazu zählt der Autor u.a. Stabreime und Binnenreime (ebd.,
S. 58f.). Insgesamt errechnet Freij in Musils Roman »425
bildkräftige Vergleiche oder Metaphern« (ebd., S. 66). Das
Wort ›Schweigen‹ und das dazugehörige Wortfeld wie ›Stille‹,
›still‹, ›stumm‹, ›Wortlosigkeit‹ etc. zählt Freij insgesamt
42mal. Die metaphorische Verwendung von ›Schweigen‹ ist
19mal belegt (vgl. ebd., S. 110f.). Auch hier gilt wieder, daß
der Begriff von Musil ambivalent verwendet wird: Zum einen
ist das Schweigen Ausdruck der Wortlosigkeit des Törleß,
seines Unvermögens, auf den Begriff zu bringen, was er nicht
begreift, zum anderen zeigt das Schweigen die Existenz des
anderen an, was sich Törleß' momentaner Erkenntnis oder
sinnlicher Erfahrung noch entzieht. Zu demselben Ergebnis
kommt Freij hinsichtlich der Wörter ›Schatten‹, ›Mauer‹,
›Tür‹ und ›Tor‹. Insofern spricht Freij von diesen Wörtern als
den wichtigsten Schlüsselwörtern des Romans (ebd., S. 152).
Die Arbeit von Freij wird durch Friers Studie zur Sprache der
Emotionalität im *Törleß* von 1976 sinnvoll ergänzt. Besonders
was das direkte und indirekte Wortfeld ›Das andere‹ betrifft,
ist Friers Untersuchung aufschlußreich. Er sieht in der im
Roman auszumachenden impressionistischen Tendenz zur
Unschärfe (vgl. Frier 1976, S. 140) ein stilistisches und inhalt-
liches Mittel des Autors, den Eindruck des Nichtbeschreibba-
ren des anderen zu steigern. Dies zielt, wenn man den Gedanken zu Ende führt, auf eine Rechtfertigung Musils der
Wortlosigkeit seines Protagonisten. Frier hebt besonders die
Wortklasse der attributiv verwendeten Adjektive hervor (vgl.
ebd., S. 134ff. mit zahlreichen Beispielen). So akribisch diese
Untersuchungen im einzelnen zwar sind, so skeptisch darf
man ihren Erkenntniswert aber beurteilen. Jenseits der reinen
linguistischen, wortstatistischen, biographistischen, psychoanalytischen oder werkimmanenten Beschreibungsleistung
liegt die eigentliche Deutungsarbeit, die keineswegs jede Untersuchung leistet. Zu widersprechen ist auch Frier, der meint,
der Erzähler versuche »vergeblich, die übertriebene Sinnlichkeit seines Protagonisten psychologisch zu motivieren« (ebd.,
S. 255). Genau diesen Versuch unternimmt Musil nicht. Musil

beschreibt zwar, legitimiert aber nicht. Insofern ist der *Törleß* auch kein Bekenntnisbuch. Schon Heribert Brosthaus hat davor gewarnt, Törleß mit dem jungen Musil trotz aller Sympathie des Erzählers mit seiner Figur vorschnell zu identifizieren, zu deutlich seien die Unterschiede zwischen Figur und Erzähler (vgl. Brosthaus 1969, S. 118f.).

Törleß lernt Vernunft nur als instrumentelle Vernunft, Begehren nur als instrumentelles Begehren kennen - was Wunder in einer Bildungseinrichtung, die zur Aufgabe die frühzeitige Konditionierung von jungen Männern auf gesellschaftliche Machtpositionen und die Rekrutierung des Offiziersnachwuchses hat?! Hinter der Fassade bürgerlicher Wohlanständigkeit verbirgt sich die von Törleß gesuchte zweite Wirklichkeit. In der »solid bürgerlichen« Welt geht alles »geregelt und vernünftig« zu, in der »abenteuerlichen« dagegen ist alles voller »Dunkelheit, Geheimnis, Blut und ungeahnter Überraschungen« (GW 6, S. 41). Und am Ende heißt es: »Eine Entwicklung war abgeschlossen, die Seele hatte einen neuen Jahresring angesetzt wie ein junger Baum,- dieses noch wortlose, überwältigende Gefühl entschuldigte alles, was geschehen war« (ebd., S. 131). Ist dies Zynismus des Autors oder Ironie oder bloß Kitsch? Als beißender Kommentar des jungen Musil an den gesellschaftlichen Verhältnissen jedenfalls sind diese Worte kaum zu lesen. Doch entscheidender ist, daß Musil seine Hauptfigur nach dem Auftritt vor der Kommission reflektieren läßt, wie wenig die bisherige Entwicklung – und das bedeutet vor allem sexuelle Entwicklung – mit Vernunft zu tun habe (vgl. ebd., S. 139). Oder anders ausgedrückt: Törleß erkennt (1) die Unmöglichkeit, das Begehren zu diskursivieren; (2) die Unmöglichkeit, außerhalb der Sexualität die Machtverhältnisse dauerhaft umzukehren; und (3) die Unmöglichkeit, in einer codierten Sprache anders als in diesem Code verständlich zu sprechen. Zugleich hat aber der Autor Musil in der Beschreibung dieser Unmöglichkeiten gezeigt, daß es eben doch möglich ist, daß sich der Anstrengung des Begriffs selbst das Begehren nicht zu entziehen vermag. Mit seinem Roman *Die Verwirrungen des Zöglings Törleß* schreibt sich Musil zugleich auch in die lange Reihe jener Diskursivierungsversuche des Begehrens ein, die mit Goethes *Die Leiden des jungen Werthers* in der Frühgeschichte der bürgerlichen Gesellschaft einen furiosen Beginn erfahren hatten.

4. Erzählungen und Dramen

Am 26. 5. 1902 notiert Musil in sein Tagebuch: »Mach's populär wissenschaftliche Vorlesungen fielen mir heute zur rechten Zeit in die Hand, um mir das Vorhandensein einer vorwiegend verstandlichen Existenz von trotzdem hoher Bedeutung zu erweisen. Schließlich habe ich ja daran nie gezweifelt – aber ich erlaube mich hiemit nochmals zur Vorsicht zu erinnern!« (Tb I, S. 20). 1908 erscheint Musils Dissertation *Beitrag zur Beurteilung der Lehren Machs* im Druck. Mit der ersten Manuskriptfassung konnte Musil bei seinem Doktorvater Carl Stumpf (und Alois Riehl als Zweitgutachter) nicht reüssieren; er mußte den Text umarbeiten, eine zweite Fassung herstellen, die schließlich eingereicht wurde (vgl. Diss., S. 7). Daß diese den Wünschen und Einwänden Stumpfs dann entgegenkam, liegt auf der Hand (zu den philosophiegeschichtlichen Hintergründen vgl. Aler 1971, S. 278 ff., zu Musils Argumentation in der Dissertation vgl. Schaffnit 1971, S. 51 ff. u. Monti 1979, zum Verhältnis Mach-Musil vgl. Desportes 1974). Der Physiker und Philosoph Ernst Mach (1838–1916) gilt neben Avenarius als einer der Väter des (Neu-)Positivismus. Sein Buch *Die Analyse der Empfindungen und das Verhältnis des Physischen zum Psychischen* erschien erstmals 1886, doch erst die zweite, umgearbeitete und erheblich erweiterte Auflage von 1900 (bis 1922 neun Auflagen) brachte ihrem Autor den gewünschten Erfolg. Für Zustimmung und Widerspruch sorgte vor allem das erste Kapitel, *Antimetaphysische Vorbemerkungen*, worin Mach die Absage an jedwede Form metaphysischen Spekulierens formuliert. Mach ist als erklärter Empirist davon überzeugt, daß seine Auffassung von Philosophieren »alle *metaphysischen* Fragen *ausschaltet*« (ebd., S. 300). Ungenau sei es, so Mach, von einem Ich und einem davon differenzierbaren Körper zu sprechen. Statt dessen führt Mach den Begriff ›Elementenkomplex‹ ein, worunter ein Bündel von Elementen (und das meint Empfindungen) wie Düfte, Drücke, Farben, Räume, Töne, Wärme, Zeiten zu verstehen ist (vgl. Mach 1985, S. 11 ff.). Nur diese sind wirklich, und ihre funktionale Abhängigkeit voneinander zu erforschen, heißt, Wirklichkeit zu erforschen (vgl. ebd., S. 25), was Mach als wissenschaftliches Postulat formuliert. Diese Elemente »bilden das Ich« (S. 19). Damit wird für Mach ein klassisch transzendentalphilosophisches, also ein jenseits aller Erfahrung liegendes Ich als Denknotwendigkeit überflüssig. Mach bringt diese Erkenntnis auf die radikale und ebenso folgenreiche Formel: »Das Ich ist unrettbar« (S. 20), das Ich sei lediglich ein Bündel verschiedener Empfindungen (vgl. ebd., S. 23). Die Literaten des Jungen Wien reagierten darauf mit Zustimmung oder Kritik, so beispielsweise Otto Weininger in seinem Buch *Geschlecht und Charakter* (1903), der darin Machs Ich als » *Wartesaal* für Empfindungen« (S. 199) bezeichnet, oder Hermann Bahr in seinem *Dialog vom Tragischen* (1904). In dem Buch *Erkenntnis und Irrtum. Skizzen zur Psychologie der Forschung* (1905) geht Mach noch einen Schritt weiter, ein isolierbares oder isoliertes Ich gebe es genausowenig wie ein isolierbares oder isoliertes Ding, »*Ding* und *Ich* sind provisorische Fiktionen gleicher Art« (Mach 1980, S. 15).

Auch die Tatsache, daß Lenin (*Materialismus und Empiriokritizismus* 1909) zur gleichen Zeit vom Standpunkt des dialektischen Materialismus aus argumentierend den ›Machismus‹ einer scharfen Kritik unterzog, und ein anderer Schüler von Alois Riehl, der Philosoph Richard Hönigswald sich ebenfalls in einer Arbeit mit Mach auseinandersetzte (*Zur Kritik der Machschen Philosophie*, Berlin 1903), kann nicht verdecken, daß Musils Dissertation keine wissenschaftsgeschichtliche Bedeutung erlangt hat. Mach erwähnt Musils Dissertation nicht, obwohl er Hönigswalds Arbeit bespricht und auch die neueste wissenschaftliche Literatur über sich kennt (vgl. Mach 1985, S. 299f. u. 1980, S. VII, Fn. 1).

Vieles spricht dafür, daß Musil auch nach der Veröffentlichung des *Törleß* immer noch für sich selbst eine wissenschaftliche Darstellungsform seiner Themen neben einer rein literarischen oder fiktionalen favorisierte. Insofern hätte die Dissertation dann u. a. die Funktion einer persönlichen Standortbestimmung und wäre in der Tat mehr als eine »Pflichtübung« (Arntzen 1980, S. 27). Von dieser Arbeit aber eine Klärung seiner eigenen Erkenntnistheorie abzuleiten (vgl. Monti 1979, S. 43), scheint nicht schlüssig, denn bei der Dissertation handelt es sich weder um eine dissoziierende oder aphoristische noch um eine konzise Erkenntnistheorie Musils. Daneben bedeutet die Dissertation für Musil aber auch eine notwendige Alternative zur technischen Berufsausbildung vor dem Hintergund, seine akademischen Studien abschließen und einen Brotberuf anstreben zu müssen. Wenn Musil also über die Philosophie Ernst Machs promoviert und die öffentliche Diskussion über sie aufmerksam verfolgt, so trifft er damit – wie schon im Fall des *Törleß* – durchaus ein Zeitgefühl. Musils Interesse gilt nicht dem historischen Gegenstand – weder in seinen wissenschaftlichen noch in seinen literarischen Arbeiten –, sondern ist von aktuellen Bezügen geleitet. Diese Aktualität des Schreibens erfordert aber, streng genommen, eine schnelle, reaktive Schreibhaltung, ein geradezu journalistisches Aktualitätsinteresse. Doch schon mit seinem nächsten literarischen Werk, den *Vereinigungen*, gerät Musil in Verzug. Noch deutlicher wird diese Diskrepanz zwischen Gegenwartsinteresse und Schreibverzug im Hinblick auf die Entstehungs- und Druckgeschichte des *Mann ohne Eigenschaften*.

4.1 Vereinigungen

1911 erschien Musils kleiner Erzählband *Vereinigungen* mit den beiden Texten *Die Vollendung der Liebe* (vgl. GW 6, S. 156–194) und *Die Versuchung der stillen Veronika* (vgl. GW 6, S. 194–223). Mit erstaunlicher Präzision hält Musil den Abschluß der Manuskripte beider Erzählungen im Tagebuch fest. Am 18. November 1910 um 15.05 Uhr schließt er *Die Vollendung der Liebe* und am 11. Januar 1911 um 1.00 Uhr nachts *Die Versuchung der stillen Veronika* ab (vgl. Tb I, S. 230 u. 232). Eine erste Fassung der *Versuchung der stillen Veronika* erscheint unter dem Titel *Das verzauberte Haus* Ende 1908 in der von Franz Blei und Carl Sternheim herausgegebenen Zweimonatsschrift *Hyperion* (zu den diversen Vorstufen und Fassungen vgl. Corino 1974 u. Koh 1992). Für die anschließende Ausarbeitung der Erzählung und die Vorbereitung des Erzählbands benötigt Musil zweieinhalb Jahre – ein skrupulöses Stilbewußtsein wird auch zukünftig Musil am schnellen Abschluß seiner Texte hindern. Im Juni 1911 erscheint schließlich im Georg Müller Verlag in München das Buch *Vereinigungen*. Corino rechnet die beiden Erzählungen »zum Schwierigsten und Seltsamsten, vielleicht auch zum Bedeutendsten, was die deutsche Literatur im 20. Jahrhundert hervorgebracht hat« (Corino 1974, S. 1). Nun sind solche Superlative zwar immer mit Vorsicht zu betrachten, gleichwohl dürften sie in diesem Fall zutreffen. Musil selbst sieht seine Arbeiten wesentlich distanzierter. Was zunächst in einem Brief an Franz Blei vom 21.2.1911 als »ein kleines weibliches Tagebuchfragment mit Verulkung einiger literarischer und erotischer Erscheinungen« (Br I, S. 74) vorgestellt wurde, wuchs in der endgültigen Publikationsfassung zu einem dichten Geflecht der Beschreibung psychischer Nuancen. In einem *Curriculum vitae* von 1938 schreibt Musil über die *Vereinigungen*:

»Musil verläßt in diesem Buch mit einem entscheidenden Schritt die realistische Erzählungstechnik, die ihm seinen Erfolg eingebracht hat, und stellt zwei Geschichten nicht in der üblichen Schein-Kausalität dar, sondern so, daß die Personen im Spiel höherer Notwendigkeiten erscheinen. Tief, luzid, aber infolge mancher Eigenheiten schwer lesbar, leitete dieses Buch, vielleicht durch Irrtum, den literarischen Expressionismus in Deutschland ein, mit dem Musil aber weiterhin nichts zu schaffen haben wollte« (GW 9, S. 950).

Bemerkenswert an dieser Charakterisierung ist Musils Selbstüberschätzung, denn für den literarischen Expressionismus in Deutschland blieben die *Vereinigungen* folgenlos (vgl. Cambi 1983). Vielmehr hatte Musil sich noch mit dem Vorwurf eines impressionistischen-psychologistischen Schreibstils auseinanderzusetzen (vgl. zur Fortsetzung dieser Debatte Corino 1974, S. 423 ff.).

Doch worum geht es im Text, worin bestehen die von Musil benannten »höheren Notwendigkeiten«? Die erste Erzählung, *Die Vollendung der Liebe*, beginnt gleich mit einem Dialog. Dieser konsequente Verzicht auf eine erzählerische Exposition ist für Musil ungewöhnlich. Sie schafft sofort eine dichte Atmosphäre, verdichtet den Text so, daß Lesern und Leserinnen keine Blindstellen verbleiben, an denen sie zu Atem kommen könnten. Ein Mann und eine Frau unterhalten sich zur abendlichen Teestunde. Diese Frau, Claudine, erlebt einen Seitensprung als höchste Form – eben Vollendung – der Liebe zu ihrem Mann. Welche Gefühlsbedingungen und psychischen Dispositionen nötig sind, um dem singulären Erlebnis dieses idealisierte, gesteigerte Erleben, um der bloßen Tatsache eine höhere Bedeutung zu verleihen, zeigt Musil im Text. Insofern kann *Die Vollendung der Liebe* auch als konsequente Antwort auf die Machsche Anti-Ichphilosophie gelesen werden, hinter den Tatsachen liegt das andere, das für die Deutung der Tatsachen aber eine notwendige Voraussetzung bildet. Die Gründe für Claudines sexuelles Abenteuer sind, folgt man der Spur des Textes, jenseits der Deutbarkeit von ›Empfindungskomplexen‹ zu suchen. Das Gespräch kreist um einen literarischen Gegenstand, in einem von beiden gelesenen Buch wird ein Mann geschildert, der Kinder verführt und Frauen verleitet, »sich selbst zu schänden« (GW 6, S. 157). Claudines Frage, die auch die Frage des jungen Törleß gewesen ist, ob nämlich solch eine Handlungsweise für den Täter mit einem Unrechtsbewußtsein begleitet ist, beantwortet Claudines Mann mit dem vielsagenden Satz: »Vielleicht darf man bei solchen Gefühlen gar nicht so fragen« (ebd.). Umgekehrt heißt dies: wer solche Gefühle besitzt, wer also andere sexuell mißbraucht oder verführt, kann nur verstanden werden, wenn an seine Handlungen nicht der Maßstab konventionalisierter gesellschaftlich-moralischer oder juristischer Normen angelegt wird. Und für den Verführer selbst heißt dies, daß sein Handeln schon durch die bloße Tatsache der Verführung gerechtfertigt sein kann. Für die Entwicklung der Figur Claudine in der Erzählung wird damit durch ihren eigenen Mann die Legitimationsbasis für ihren Seitensprung geschaffen. Claudine benötigt diese Absolution innerhalb einer symbiotischen Lebensgemeinschaft, beide erkennen, »daß sie ohneeinander nicht leben konnten« (ebd., S. 159). Zugleich ist ihnen aber auch das fast Pathologische dieser Symbiose bewußt, »krank und schmerzhaft« (ebd., S. 160) erscheint ihnen ihr Ehe-»System« (ebd.). Diese im vorhinein gegebene Absolution für den Seitensprung unterstreicht die psychische Struktur Claudines, Musil liefert gleichsam eine Psychographie des bürgerlichen Alltagslebens. Im Unterschied zu vielen Schriftstellerkollegen seiner Zeit interessieren ihn aber nicht die sozialen Bedingungen für die Unterdrückung wie Befreiung weiblichen Begehrens.

Claudines Handeln liegt eine Begehrensstruktur zugrunde, die Musil allein interessiert. Die Möglichkeiten und Bilder, mit denen er dieses weibliche Begehren beschreibt, sind die Möglichkeiten und Bilder eines Mannes, der zumindest die Autonomie weiblichen Begehrens erkennt. Und doch schildert Musil nicht eine selbstbewußte, emanzipative Frau, sondern zelebriert im Grunde eine Konvention: Die schwache, willenlose Frau folgt ihrem Begehren nur, um die Ehe mit dem starken und generösen Ehemann – der charakteristischerweise namenlos bleibt – zu überhöhen, Claudine ist keine femme fatale. Als Variation zu einem erfahrungsgeschichtlichen oder literarhistorischen Thema ist dies sicherlich von Bedeutung, doch befremdlich kann Musils literarisches Verfahren dann werden, wenn der Erzähler die psychische Binnenperspektive der handelnden Frau einnimmt.

Claudine stand immer unter der »Herrschaft irgendwelcher Männer« (ebd., S. 160), als selbstaufopfernd und willenlos wird sie von Musil beschrieben, stets alle Wünsche der Männer erfüllend. Hinter diesen wirklichen Ereignissen, die sie zwar leidenschaftlich erlebt, die sie aber keineswegs stark berühren, ist jenes andere, um dessen Existenz Claudine weiß, das vom Erzähler aber stets nur in ausweichenden Metaphern und Vergleichen beschrieben wird. Am auffälligsten ist dabei die häufige Verwendung des Bildbereichs und Wortfelds ›Haus‹. Claudine befindet sich schon bei Antritt ihrer Reise – sie möchte ihre dreizehnjährige Tochter im Internat besuchen – in jener psychischen Disponiertheit, die sie später als reale Situation erlebt: Eingesperrt in einem Zimmer oder einem Haus, in dem sie sich zwar frei bewegen, das sie aber nicht frei verlassen kann. Selbst in der Begegnung mit dem anderen, fremden Mann gelingt es ihr nicht, aus dieser Umgrenzung herauszutreten. Vielmehr erfährt sie die ›Vollendung der Liebe‹ innerhalb der (patriarchal) abgesteckten und definierten Grenzen. Die Reise, also die erfahrene Entfernung vom Ort ihrer Unfreiheit – »in sich gefangen« fühlt Claudine sich (ebd., S. 166) –, mobilisiert in Claudine die Erinnerung an ihre frühere Ungebundenheit, es ist eine »Sehnsucht, diese große Liebe, die sie besaß, zu verlassen« (ebd., S. 164). Bedeuteten für Törleß die Bahn, der Bahnhof und das Reisen mit dem Zug noch den Verlust der Mutter und damit einen wichtigen Schritt in der psychosexuellen Entwicklung, so regrediert Claudine in Lusterfüllungsphantasien. Vergangenheit, die Erinnerung an frühere Lebensformen ist für sie mit dem Bewußtsein sexueller Freiheit besetzt, »dann vermochte sie zu denken, daß sie einem andern gehören könnte, und er erschien ihr nicht wie Untreue, sondern wie eine letzte Vermählung« (ebd., S. 165). Diese Desexualisierung – wie sie dann auch in der *Versuchung der stillen Veronika* beschrieben wird – begreift den eigenen Körper letztlich nur noch als nötige Apparatur für eine idealisierte, psychische Bindung.

Während der Bahnfahrt lernt Claudine einen Mann kennen, der bereits mit den ersten Worten Anzüglichkeiten plaziert, die winterliche Landschaft vergleicht er mit »weißen Dessous und Spitzen ...« (ebd., S. 168). Claudine wehrt sich zwar anfänglich gedanklich gegen diese verbale Belästigung, doch sie fühlt zugleich auch, daß jenes andere, das bislang undeutlich gebliebene Begehren nach dem Mann, nun Wirklichkeit zu werden beginnt. Die Verlegenheit, die sie ergreift, charakterisiert Musil als das Ergebnis eines »selbstverständlichen männlichen Herrschaftsanspruchs« (ebd., S. 169), die Deutlichkeit dieser Worte sucht in der zeitgenössischen Literatur ihresgleichen. Von einem »schwirrende[n], willenlos begehrliche[n] Entsetzen« und einer »leisen, fast unterwürfigen Sinnlichkeit« (ebd., S. 170) spricht Musil. Gelang es Törleß aber, seine Unterwerfungsphantasien zu überwinden – was ihm als Mann mit Aussichten auf eine gesellschaftliche Führungsposition möglich war –, bleibt Claudine darin gefangen, sie phantasiert den Traum ihres früheren Lebens, »sie glaubte sich von Feinden gefangen und war gezwungen, demütige Dienste zu tun« (ebd., S. 173). Diese Phantasie wird sich am Ende der Erzählung als Realität einstellen (vgl. ebd., S. 189). Doch anders als Törleß, den das Neue und Unbekannte des Begehrens sprachlos gemacht hatte, ist sich Claudine ihres Begehrens von Beginn an bewußt, da sie die Erinnerung an frühere Erfahrungen besitzt. Dem patriarchalen und gesellschaftlich codierten Anspruch der Treue begegnet Claudine damit, daß sie in ihrer Phantasie »Untreue« (ebd., S. 175) lustvoll besetzt. Musil verwendet hier durchgängig die Herrschaftssprache des Mannes, wodurch eine zusätzliche Verdichtung des Textes erzielt wird: Minutiös wird das Begehren der Frau protokolliert, aber in der Sprache des Mannes. Ist dies letztlich nicht die Perspektive eines Mannes, der mit der Tatsache des weiblichen Begehrens und dem Autonomieanspruch der Frau nur zurechtkommt, indem er den weiblichen Körper desexualisiert und das tatsächlich Körperliche in eine übervernünftige, verstandesmäßige Ordnung einschreibt? Erzählt so gesehen dann dieser Text nicht viel eher die Geschichte einer Männerphantasie, des Ehemanns wie des Autors, als die Geschichte weiblichen Begehrens? Dies sind Fragen, die man kritisch zumindest stellen muß. Musil spricht von einer »eigentümlich verkehrten Vernunft« (ebd., S. 179), mit der Claudine ihr Erlebnis eines un-vernünftigen Begehrens zu begreifen versucht, dies kann die Verweigerung des Vernunftgebrauchs ebenso bedeuten wie den falschen Gebrauch der Vernunft. Da sich Musil aber einer strikten Bewertung dessen enthält, was er beschreibt und eher mit sehr viel Emphase die Vorgänge in Claudine schildert, macht er zugleich deutlich, daß das Begehren jenes andere ist, das sich nicht anders als un-vernünftig erfahren läßt. Somit stehen die *Vereinigungen* wesentlich näher am *Törleß* als am *Mann ohne Eigenschaften.* In der Erzählung *Die Vollendung der Liebe* beugt sich Musil auch nicht einem Rationalisierungsdruck, also das Begehren hinter die Erklärung und ihren diskursiven Ort in der Erzählung zurücktreten zu lassen. Indem Musil sich Distanz durch den Kommentar bewahrt, gewinnt er Nähe zur Binnenstruktur der Figuren. Dieses literarische Verfahren wird sich erst mit den *Schwärmern* ändern. Claudine erkennt, daß das Begehren »unter dem Bereich der Worte lag« (ebd., S. 181), und der Erzähler Musil weiß, daß es nur der literarische Diskurs, also das Wort, sein kann, das etwas über dieses Begehren mitteilt. Insofern ist *Die Vollendung der Liebe* Musils Versuch, das Begehren wortsichtbar zu machen, eine Art Blindenschrift für Sehende. Der Desexualisierung des Körpers steht die Sexualisierung der Phantasie Claudines gegenüber. Bis zuletzt suggeriert sie sich selbst und der Autor dem Leser, daß der körperlich vollzogene Seitensprung nur die Bedeutung eines Phantasiefortsatzes habe, schließlich erlebt Claudine, wie Musil ausführlich darstellt, Untreue als Phantasieerleben: Sie stellt sich den Geschlechtsverkehr mit dem Fremden vor, während sie tatsächlich allein in ihrem Zimmer ist (vgl. ebd., S. 189). Aber indem der Autor im letzten Abschnitt der Erzählung schreibt, Claudine fühle, »wie ihr Körper trotz allem sich mit Wollust füllte« (ebd., S. 193), hebt er hervor, daß sich weibliches Begehren nicht desexualisieren und in einen rationalisierenden Diskurs überführen läßt.

Kaum ein Text Musils ist so stark gezeichnet von Unbestimmtheitsmetaphern und Vergleichen, wie *Die Vollendung der Liebe.* Jürgen Schröder hat errechnet, daß 337 mal die Vergleichspartikel ›wie‹, ›wie wenn‹ oder ›als ob‹ genannt werden; 207 mal wird das Wort ›Gefühl‹ und dessen Wortfeld (›fühlen‹, ›spüren‹, ›empfinden‹ etc.) erwähnt; 139 mal verwendet Musil Indefinitpronomina wie ›etwas‹, ›irgendetwas‹, ›irgendein‹, ›irgendwie‹ und andere; 244 mal sind Adjektive, Adverbien und Substantive mit dem Suffix ›los‹ oder dem Präfix ›un‹ versehen; 208 mal werden Sätze oder Satzteile verneint und 151 mal findet der Konjunktiv Anwendung (vgl. Schröder 1982 [[1]1966], S. 380f.). Unterstellt, daß dies keine persönliche Manie des Autors Musil ist, dann bleibt es die einzige Form, der Erkenntnis gerecht zu werden, daß das Begehren sprachlos ist und doch über es gesprochen werden kann. Im wissenschaftlichen, rationalen Diskurs leistet dies die bei den Autoren des Jungen Wien mit großer Neugier verfolgte Psychoanalyse, die mit Freuds *Traumdeutung* (1900) erstes öffentliches Interesse erfahren hatte. Im literarischen Diskurs ermöglicht dies der literarische Vergleich, vorausgesetzt, der Autor verzichtet auf die fiktionale Ausbreitung einer Erzählung. Musils komparativer Schreibstil versucht also einerseits, dem Begehren einen diskursiven Ort zu ermöglichen, andererseits hält er aber die Eindeutigkeit der begrifflichen Bestimmung offen. Die Unsagbarkeit des Geschehens erfährt bei Musil ihre begriffliche Einkleidung. Auch wenn der Vergleich nur ein Sagbarkeitssurrogat ist: was begrifflich ist, ist begreifbar.

In der Erzählung *Die Versuchung der stillen Veronika* steht wiederum die Beziehungsachse Mann – Frau im Mittelpunkt, und wieder versucht der Autor Musil aus der Sicht der Frau zu schreiben. Das Eröffnungsgespräch zwischen Veronika und Johannes, beides sind biblische Namen und als solche deutbar (vgl. Pott 1984, S. 45f.), erweist sich als kryptisch. Wieder ist es die Sprachlosigkeit, das Unvermögen, das Begehren auf den Begriff zu bringen; was ausgesprochen wird, erweist sich als »entwerteter Begriff« (GW 6, S. 195) und sagt nichts mehr darüber aus, was gemeint war. Veronika und Johannes sind Gottessucher, weil sie Wortsucher sind, die Worte, wonach sie suchen, sind aber nicht aus religiösen Vorstellungen gespeist. »Dinge sind es [...] hinter dem Horizont des Bewußtseins, Dinge, die sichtbar hinter dem Horizont unseres Bewußtseins vorbeigleiten« (ebd., S. 196), sagt Johannes zu Veronika. Wie kann aber das, was sich jenseits des Bewußtseins befindet, sichtbar sein? In dem Augenblick, wo es erkannt, gesehen wird, tritt es ja ins Bewußtsein. Hier wird Johannes seinem biblischen Namen gerecht, wird das Johannes-Evangelium doch mit den Worten eröffnet: »Im Anfang war das Wort, und das Wort war bei Gott, und Gott war das Wort« (Joh. 1, 1). Veronika hingegen identifiziert das Sprachlose mit einer geliebten Person: Demeter, und assoziiert dabei die Erinnerung an ein kopulierendes Hühnerpaar. Die Idealisierung und Desexualisierung des sprachlosen Begehrens von Johannes wird vom Autor also mit der Realisierung und Sexualisierung des Begehrens Veronikas konfrontiert. Die Sprachlosigkeit der Frau (die Auslassungspunkte in Veronikas Rede sind hier signifikant, vgl. GW 6, S. 201) begegnet dem Nichtverstehen des Mannes, »Johannes verstand nicht« (ebd.) oder er fragt: »Was meinst du?« (ebd.). Die Sprachlosigkeit und das Nichtverstehen wiederum korrelieren mit der Ereignislosigkeit, »nichts ereignete sich« (ebd., S. 202). Veronikas Begehren wird vom Autor mit einer Krankheit verglichen, das Begehren selbst wird aber nicht pathologisiert (vgl. ebd., S. 203). Selbst Veronikas Gedanke: »es war krank von ihr, was sie dachte« (ebd., S. 216) wird vom Erzähler wenige Zeilen später mit der Frage »war es krank?« (ebd.) wieder relativiert. Für den Mann bedeutet das Nichtverstehen gerade die Voraussetzung für sein Begehren, während sich das Begehren der Frau nicht mit Johannes, sondern mit jenem anderen Mann des Erinnerungsbildes verknüpft, »sie hatte niemals ein geradehinzielendes Begehren gespürt« (ebd., S. 209). Ähnlich wie der junge Törleß erlebt auch Veronika eine (angedeutete) Masturbationsszene (vgl. ebd., S. 218f.). Veronikas Tötungsphantasie beruht auf dem Wunsch, mit ihrem Begehren allein zu sein, nur die Abwesenheit des Mannes ermöglicht ihr den sprachlosen und lustvollen Genuß. Zugleich wertet sie aber den vermeintlichen Tod von Johannes als eine »geheimnisvolle geistige Vereinigung« (ebd., S. 220) auf. Doch dann trifft der Brief ein, Johannes hat sich nicht getötet, statt dessen schreibt er einen Brief, in dem sich die Worte finden: »Wir werden darüber sprechen« (ebd., S. 221). Für Veronika bedeutet diese Ankündigung den Verlust ihres Begehrens, die Angst davor, daß die Worte ihr Begehren verdrängen. Die Beziehung zwischen Johannes und Veronika wird im Text immer wieder mit einer diskursiven Situation verglichen, wie ein Gespräch plötzlich abbricht, so bricht auch die innere Einheit zwischen Veronika und Johannes auseinander (vgl. ebd., S. 204). Doch geschieht dies nicht im Sinne eines schicksalswaltenden Außen, sondern Veronika selbst ist es, die das Gespräch und damit die Beziehung abbricht: »Und das Gespräch, das sie außen noch führten, wurde kurz und sickernd, und [...] Veronika [...] brach es ab« (ebd., S. 210). War Claudine ihr Begehren noch bewußt, so verliert sich nun selbst diese Bewußtheit bei Veronika. Der vorsätzliche und willentliche ›Gesprächsabbruch‹ ist die faktische Verweigerung jedweder Möglichkeit zur Diskursivierung des Begehrens. Wenn am Ende also die Ankündigung des Mannes steht, sprechen zu wollen, bedeutet dies für Veronika die Androhung eines Verlusts, des Verlusts ihrer Freiheit des Begehrens. So kann auch die Schlußsequenz der Erzählung gelesen werden: Veronika vermag ihrem Begehren nur noch als Eingeschlossene nachzugeben. Hinter der verschlossenen Haustür steht sie »fast nackt und unten offen« (ebd., S. 223) und hört auf die Schritte eines vorbeigehenden

Mannes. Zugleich ist dieses Bild wiederum signifikant: Jetzt erfährt Veronika nur noch den Mann als begehrenswert, der sich auch wieder entfernt, nur in der Abwesenheit erfährt sie Männer als Objekte ihres Begehrens. Die Präsenz in der Phantasie ersetzt die reale Gegenwart des Mannes. So gesehen wäre *Die Versuchung der stillen Veronika* als ein früher Emanzipationstext (eines Mannes) zu lesen, der sich gegen die Repression des Begehrens durch das Wort richtet.

Einige zeitgenössische Kritiker hingegen sahen bei Musil eine Begabung, die sich ins absonderlich Sexuelle verbissen habe, andere wollten in der *Vollendung der Liebe* einen Legitimationstext für sexuelle Untreue und in der *Versuchung der stillen Veronika* die Schilderung eines sexualpathologischen Falls erkennen (vgl. Zeller 1981b, S. 77). Sicherlich greift es auch zu kurz, wenn man die entscheidende Leseraktivität beider Erzählungen darin sieht, »einen gesellschaftlich relevanten sozialen Rollenkonflikt [...] in ein Problem der Harmonisierung individueller Seelenregungen zu transformieren« (Krusche 1978, S. 327). Sowohl *Die Vollendung der Liebe* als auch *Die Versuchung der stillen Veronika* sind Texte über weibliches Begehren, die sich nicht mehr überkommener, traditioneller Erzähltechniken bedienen. Allerdings ist die Radikalität der erzählerischen Verweigerung begrenzt. Gemessen an dem Initiationstext modernen Erzählens, Carl Einsteins *Bebuquin* (1904), ›erzählt‹ der Autor Musil noch durchaus in der Tradition des psychologischen Romans, obgleich der junge Musil, wie Eintragungen ins *Tagebuch* Heft 3 zeigen, durchaus die Innovationsmöglichkeiten modernen Erzählens erkannt hatte. Satzzeichen wie Punkt und Semikolon werden dort als »Rückschrittssymptome – Stillstandssymptome« (Tb I, S. 52 f.) bezeichnet. Das Gefährliche an der überkommenen Syntax sei, daß man in ihr denke, sich selbst dadurch aber experimentelle Freiräume beschneide. Musils radikale Erkenntnis lautet: »Solange man in Sätzen mit Endpunkt denkt – lassen sich gewisse Dinge nicht sagen – höchstens vage fühlen. Andrerseits wäre es möglich[,] daß man sich so auszudrücken lernt, daß gewisse unendliche Perspektiven[,] die heute noch an der Schwelle des Unbewußten liegen, dann deutlich und verständlich werden« (ebd., S. 53). Die Erweiterung gegenüber der Tradition besteht aber dort, wo sich Musil einer Dominanz in der Beschreibung der äußeren Welt entzieht und wie in einem radikalen Kameraschwenk seine Beobachtungslust ausschließlich auf das Innenleben der Figuren richtet. Die chronologische Erzählfolge – die allerdings nicht mit dem »Zeitproblem in der Erzählung« (Röttger 1973, S. 60) als ein mögliches Charakteristikum aller Musilschen Werke identisch ist – wird dann ebenso sekundär, wie eine kausal begründete Handlungslogik. Diese Form modernen Erzählens findet sich bis heute in der Literatur, so gesehen stehen beispielsweise Friederike Mayröckers Arbeiten im Horizont der Musilschen Motivationstechnik. Den Unterschied zwischen Kausalität und Motivation (vgl. dazu auch Mae 1988, S. 63 ff. u. 86 ff.) formuliert Musil so: »Kausalität sucht die Regel durch die Regelmäßigkeit, konstatiert das, was sich immer gebunden findet; Motivation macht das Motiv verstehen, indem sie den Impuls zu ähnlichem Handeln, Fühlen oder Denken auslöst« (GW 8, S. 1052). Aus der Distanz späterer Jahre hebt Musil – in den autobiographischen Aufzeichnungen – seine »Abneigung gegen das Erzählen, [...] gegen die Scheinkausalität u[nd] Scheinpsychologie« (Tb I, S. 934) in den *Vereinigungen* nochmals hervor.

4.2 Die Schwärmer

Die ersten dramatischen Entwürfe zu den *Schwärmern* (vgl. GW 6, S. 309–407) gehen auf die Zeit zwischen 1908 und 1911 zurück, doch enthalten diese Notate noch keine erkennbare, eindeutige dramaturgische Struktur oder distinkte Dialogisierungen (vgl. zum Folgenden Marinoni 1992, S. 31 ff.). Ein vorläufiger Titel von 1911 lautet *Die Anarchisten* (vgl. Tb II, S. 938). Franz Blei erwähnt 1915 erstmals den Titel *Die Schwärmer* als dramatische Arbeit Musils in seinem Buch *Über Wedekind, Sternheim und das Theater* (Leipzig 1915, S. 102) als Bestandteil eines erneuerten Programms deutscher Bühnen. Die jüngere Forschung sieht bereits in den dramatischen Vorstufen der *Schwärmer* wie im publizierten Text von 1921 Tendenzen, »die dramatischen Strukturen der Tradition aufzulösen« (Marinoni 1992, S. 66). Gemessen an den dramatischen Arbeiten von Musils Schriftstellerkollegen – man denke an die Dramen von Arthur Schnitzler oder Hugo von Hofmannsthal, Frank Wedekind oder Carl Sternheim, Walter Hasenclever, Ernst Toller oder Georg Kaiser – erscheinen solche Bewertungen fragwürdig. Herbert Iherings Urteil von 1929, daß mit den *Schwärmern* das 19. Jahrhundert verabschiedet werde, scheint eher zuzutreffen (s. u.). Musil ist kein Theaterautor, er hat sich weder mit der europäischen Theatergeschichte und ihren epochalen Umbrüchen im 17., 18. und 19. Jahrhundert eingehend beschäftigt, noch setzte er sich mit der expressionistischen und avantgardistischen Literatur der Jahre zwischen 1910 und 1920 auseinander. Seine literarhistorischen Urteile lassen meist genauere Kenntnis vermissen. Musil machte aus seiner Abneigung gegen den Expressionismus auch keinen Hehl. Im *Tagebuch* Heft 10 heißt es unter der Überschrift »Expressionismus«: »Bevor ich einrückte, gab es eine explosive, intellektuelle Vorstellungslyrik, [...]. Als ich zurückkehrte gab es den Expressionismus« (Tb I, S. 474 f.), und in dem Essay *Geist und Erfahrung. Anmerkungen für Leser, welche dem Untergang des Abendlandes entronnen sind* (1921) schreibt Musil über seine Zeit, die ihren Verstand nicht zu gebrauchen wisse: »Diese Zeit hat mit dem Expressionismus, [...], eine Urerkenntnis der Kunst veräußerlicht und verflacht, weil die nicht denken konnten, welche den Geist in die Dichtung einführen wollten. Sie konnten es nicht, weil sie in Luftworten denken, denen der Inhalt, die Kontrolle der Empirie fehlen; der Naturalismus gab Wirklichkeit ohne Geist, der Expressionismus Geist ohne Wirklichkeit: beides Ungeist« (GW 8, S. 1058 f.). Musil wirft dem Expressionismus vor, lediglich in der Form erneuernd gewirkt zu haben, inhaltlich hingegen sei er leer geblieben (vgl. ebd., S. 1097), der Expressionismus sei nicht mehr als eine »Clownerie« (ebd., S. 1087). Der Literatur- und Wissenschaftskonservativismus Musils wird in folgender prägnanten Formulierung deutlich: »Vor die Wahl zwischen Impressionismus und Expressionismus gestellt, würde ich mich für den [...] toten Dilthey entscheiden« (ebd.).

Die Schwärmer sind ein handlungsarmes Stück, wenn man es mit dem konventionellen Maßstab einer nacherzählbaren Handlung beurteilt. Das Stück lebt vielmehr von der Bedeutung des Gesprächs – was ihm den Vorwurf eines Lesedramas eingebracht hat –, das sich hauptsächlich zwischen vier tragenden Figuren entwickelt: Thomas, Maria, Regine und Anselm. Maria und Regine sind Schwestern, letztere ist mit Josef, Maria ist mit Thomas verheiratet. Bereits die erste ausführliche Regieanweisung zeigt den Zwiespalt zwischen Anspruch und Wirklichkeit des Stücks. Musil schreibt, daß alle Figuren des Stücks »schön« sein müssen, »wie immer man sich das vorstellen möge« (GW 6, S. 309), Regine wird als dunkel und

unbestimmbar, als Knabe und Frau, als »Traumgaukelding«
und »tückischer Zaubervogel« (ebd.) charakterisiert, während
»Zaubervogel« und »Schaukelring« im zweiten Akt von Regine als Vergleichsbegriffe genannt werden (vgl. ebd., S. 381).
Dieser signifikante Begriffsgebrauch wiederholt sich übrigens
in einem der wenigen Gedichte Musils unverändert; das Gedicht »Heimweh« – der Titel mag auf Thomas' Bemerkung in
den *Schwärmern* anspielen: »Ein Heimweh, aber ohne Heimat« (ebd., S. 330) – lautet: »Bin ein trübseliger Wetterling; /
Vor meinem Haus zwei gelb Schmetterling / Flackern im
Grau. / Du, meine Frau! / Traumgaukelding! / Tückischer
Zaubervogel, schwankst / Still in mir wie im Schaukelring«
(ebd., S. 466). In der Szenenbeschreibung für den ersten Akt
des insgesamt dreiaktigen Dramas ohne weitere Szenenein-
teilung versucht der Autor die Wiedergabe des Textes als
»ebensosehr Einbildung wie Wirklichkeit« (ebd., S. 310) zu
bestimmen. Wie aber läßt sich dies szenisch umsetzen, wie
dramaturgisch zwischen Imagination und Realität changie-
ren?

Das Stück ist mit zahlreichen Sentenzen, einem regelrech-
ten »Zitatenschatz« (Schneider 1973, S. 114), ausgestattet. Im
Grunde ist es ein Aphorismenstück, das den Einfallsreichtum
des Autors unterstreicht, aber nicht die Figuren als individuell
wahrnehmbare Charaktere kennzeichnet, sofern man diese
von einem Drama erwartet. Der Plot erschöpft sich in einer
»banalen Ehebruchsgeschichte« (Arntzen 1980, S. 117). Anselm, selbst verheiratet (vgl. GW 6, S. 375), ist mit Josefs Frau
Regine geflohen und versteckt sich mit ihr bei seinem Jugendfreund Thomas. Thomas und Anselm sind Privatdozenten,
also Vertreter der Wissenschaft, Josef ist Universitätsprofessor.
Der betrogene Ehemann hat das Versteck über den Detektiv
Stader ermittelt und seine Ankunft bereits angekündigt.
Schon bald wendet sich Anselm von Regine ab und richtet
seine Verführungskünste auf Thomas' Frau Maria. Am Ende
fliehen nicht Regine und Anselm aus dem Haus, sondern
Maria und Anselm, auch Josef und Stader reisen wieder ab,
und zurück bleiben Regine und Thomas, der »Verstandes-
mensch« (ebd., S. 407), wie er von Regine genannt wird.
Dieses dramatische Skelett, von einem Gerüst kann man wohl
kaum sprechen, kommt gänzlich ohne Spannung aus. Im
Gegenteil, die zahlreichen Leerläufe heben die Bedeutung der
geführten Gespräche, meist Dialoge, hervor, die *Schwärmer*
sind ein Dialogdrama. Was mit dem Anspruch einer Liebes-

szene auftritt, wird vom Autor unverzüglich als »Anti-Liebes-szene« (ebd., S. 404) – dies ein Begriff von Thomas – entlarvt. Das gesprochene Wort vermag die von den Figuren empfundene Leere lediglich zu verdecken, beseitigen läßt sie sich nicht. Im Mittelpunkt steht die fast schon zwanghafte Diskursivierungswut von Anselm, Regine, Maria und Thomas, welche das Handlungsrudiment der Ehebruchsgeschichte völlig in den Hintergrund treten läßt.

In einem Brief vom 7.8.1920 an Erhard Buschbeck berichtet Musil von einem an diesem Tag erfolgten Gespräch mit dem damaligen Dramaturgen des Burgtheaters Stefan Hock über die *Schwärmer*. Musil verfaßt diesen Brief als Gedächtnisprotokoll (vgl. Br I, S. 202), einige zentrale Passagen sind für Musils eigene Einschätzung seines Stücks aufschlußreich: 1) Musil bezeichnet die Schwärmer als sein (bis dahin) »reifstes Werk« (ebd.); 2) Die Absicht, die er mit diesem Stück verbinde, sei gewesen, »endlich einmal Geist in die Theaterkonflikte zu bringen« (ebd.); 3) Musil charakterisiert die Figur Regine als »frigide Erotomanin« (ebd.); 4) Musil ist überzeugt, daß mit den Figuren des Stücks erstmals »wirklich Menschen und Konflikte« (ebd.) auf der Bühne stehen; 5) das poetologische Programm der *Schwärmer* sieht Musil darin, »den höheren Kunstgehalt, das an den Geist Gehende des Romans für die Bühne [zu] gewinnen« (ebd.); 6) Einwänden, daß das Stück die Bedeutung des Zuschauers für die Rezeption eines Dramas ignoriere, begegnet Musil mit dem Hinweis, daß sein Interesse als Autor dem »vereinzelten und vereinsamten Zuschauer« (ebd.) gelte. Das Stück selbst wie auch seine Rezeption lassen jedoch Musils Selbsteinschätzung fraglich erscheinen. Die *Schwärmer* sind ein Dialogroman, wie er im 18. Jahrhundert als Mischgattung entwickelt wurde, bei dem die verbindenden Erzählpassagen gestrichen sind. Das Stück löst die vom Autor genannten theatergeschichtlichen, rezeptionssoziologischen, rezeptionsästhetischen und dramenanalytischen Ansprüche jedenfalls nicht ein. Musil hat dies sehr viel später erkannt. Im *Tagebuch* Heft 33, den autobiographischen Notizen, hält er fest, daß selbst er als Autor des Stücks beim Lesen ermüdet sei. Das Drama habe keine Leer- oder Ruhestellen für die Leserschaft, es hätte sich gerächt, daß er die dramatischen Gesetze nicht beachtet habe (vgl. Tb I, S. 939).

Erhellend ist in diesem Zusammenhang auch eine andere

Notiz Musils. Unter dem Stichwort »Theaterkritik« notiert er sich in sein *Tagebuch* im Hinblick auf die *Schwärmer*:

»Eine Aufführung ist ein gespieltes Buch. [...] Daneben natürlich das Verstellen, Verkleiden, die Gefühle andrer haben, der ganze Komplex der eigentlichen Theateraffekte. Auch eine sehr gute Aufführung könnte man bloß darauf stellen. Aber das maßgebende Stilprinzip ist doch, daß ein Buch gespielt wird. [...] Dieses Buch [sc. *Die Schwärmer*] ist natürlich ein Theaterstück. Aber alle Irrtümer kommen daher, daß man glaubt, es könne ein gutes Theaterstück geben, das kein gutes Buch wäre. Solche Stücke geben Starerfolge, aber sie ruinieren die Tradition« (Tb I, S. 472).

Bemerkenswert an dieser Äußerung Musils ist die Tatsache, daß er die *Schwärmer* selbst in eine dramengeschichtliche Tradition stellt, also nicht als ein innovatives Stück beurteilt. Musils Insistieren auf der Entsprechung von Buch und Theaterstück ist zugleich auch das Eingeständnis, eine dramatische Struktur nicht anders als prosaisch entwickeln zu können. Es gibt also durchaus bei Musil selbst genügend Anhaltspunkte, die theatergeschichtliche ›Innovationskraft‹ der *Schwärmer* bescheidener zu beurteilen.

Die Uraufführung der *Schwärmer* am 3.4.1929 in Berlin war desaströs, der Regisseur Jo Lherman hatte den Text ohne die Einwilligung des Autors bis zur Unkenntlichkeit gekürzt. Musils Protest (vgl. seinen Text *Der Schwärmerskandal*, GW 8, S. 1189–1193) gegen diese Inszenierung blieb folgenlos, denn in der publizistischen Aufmerksamkeit wurden die Mängel der Inszenierung dem Stück selbst angelastet (vgl. Hall 1975a). Die *Schwärmer* verschwanden vorerst von der Bühne. Erst 1955 wurden sie vom Landestheater Darmstadt wieder aufgeführt, 1956 strahlte der Bayerische Rundfunk Ingeborg Bachmanns Hörspielbearbeitung aus (vgl. Schneider 1973, S. 171). Über die Uraufführung der *Schwärmer* hieß es in einer Rezension von Herbert Ihering im *Berliner Börsen-Courier* vom 4.4.1929 (Nr. 156, Abendausgabe), man könne dieses Stück »die einzige wahrhaft ›expressionistische‹ Bühnendichtung nennen«. Zugleich wird aber auch moniert: »In Musils ›Schwärmer‹ verästelt und verfeinert sich die Privatkunst, bis sie sich selbst aufhebt. Ein spätes Werk. Ein Abschied vom neunzehnten Jahrhundert. [...] Dieses schwebend lastende, tönereiche, müde Werk, zu dem wir heute nur noch schwer den Weg finden, das alles leugnet, was wir heute vom Theater verlangen, das ebenso dichterisch wie literatenhaft ist, dieses Werk auf der Grenze, [...]«. Ihering rechnet die *Schwärmer*

der Kategorie der »esoterisch literarische[n] Experimente«
zu.

Auch ein anderer Zeitgenosse Musils, Julius Levin, äußerte sich kritisch über die *Schwärmer*. In seinem Beitrag *Der Sinn der Hemmung. Brief an Robert Musil* in der *Literarischen Welt* vom 30.4.1926 (in derselben Ausgabe findet sich auch jenes berühmt gewordene Interview von Oskar Maurus Fontana mit Musil mit dem Titel »Was arbeiten Sie?«) schreibt er:

»In diesem Werke, das muß man Ihnen [sc. Robert Musil] zugeben, haben Sie keine Hemmungen ... Hinsichtlich der Länge nicht und nicht hinsichtlich der Breite ... Man hat zuweilen das Gefühl, Sie wollten sich einmal austoben, austoben bis zur Bewußtlosigkeit. Das gelingt Ihnen ... Sie geigen dem Zuschauer auf, daß ihm Hören und Sehen vergeht. Der Leser weiß sich noch einigermaßen zu verteidigen. Er ist dazu imstande, weil er jeden Augenblick, wenn es ihm gefällt, unterbrechen kann. Er unterbricht nicht nur aus Ermüdung, keineswegs! Er unterbricht auch, um den oder jenen Ausspruch zu genießen, zu bewundern, aber er unterbricht zuweilen, um darüber nachzudenken, wie es Ihnen möglich ist, den Faden nicht zu verlieren und, was auch eine Ihrer Personen sagt, eine dazu passende Antwort zu finden. Ich habe festgestellt, *Die Schwärmer* haben die Länge der beiden *Faust* zusammen. Offengestanden, ich finde das ein bißchen viel. Und, da schließlich doch der Gegenstand nicht gerade von überaus brennendem Interesse, und der Behandlung eine gewisse Einförmigkeit vorzuwerfen ist, wäre vielleicht für den Fall der *Schwärmer* etwas mehr Hemmung wünschenswert gewesen. Hemmungslosigkeit! Und bei Ihnen, Herr Musil!«.

1984 drehte zwar Hans Neuenfels einen Film *Robert Musil: Die Schwärmer* (vgl. dazu das gleichnamige Filmbuch von Neuenfels, Reinbek b. Hamburg 1985), doch konnten weder *Die Schwärmer* noch *Vinzenz und die Freundin bedeutender Männer* einen festen Platz im Aufführungsrepertoire deutschsprachiger Bühnen finden.

4.3 Vinzenz und die Freundin bedeutender Männer

Die Uraufführung des Stücks *Vinzenz und die Freundin bedeutender Männer* erfolgte am 4.12.1923 im Lustspielhaus Berlin, Regie führte Berthold Viertel. Die Arbeiten am Stück dürften bereits im März 1923 abgeschlossen gewesen sein (vgl. Arntzen 1980, S. 122). Im Juli 1924 erscheint die Buchausgabe bei Rowohlt in Berlin. Quellenmaterial zur Entstehungsgeschichte des Stücks ist nicht erhalten. Doch dürften der Skandal um die *Schwärmer* und Musils Enttäuschung, als Theaterautor keinen Erfolg gehabt zu haben, sowie seine Erfahrungen als Theaterkritiker als Reaktion und Motivation für die Niederschrift des *Vinzenz* ausschlaggebend gewesen sein. Inwieweit biographische Referenzen bei der Wahl des Stoffes und der Charakterisierung der Figuren eine Rolle gespielt haben könnten, ist nebensächlich (über die biographischen Hintergründe vgl. Albertsen 1979 und Corino 1985). Eine »Schlüssel-Komödie« (Corino 1985, S. 95) jedenfalls ist der *Vinzenz* nicht, dazu fehlt dem Stück die eindeutige, d.h. die über die private Dechiffrierbarkeit hinausgehende und von den Rezipienten intersubjektiv wahrzunehmende Enthüllungs- und Bloßstellungsintention der Komödie.

Musil klassifiziert im Untertitel das Stück *Vinzenz und die Freundin bedeutender Männer* gattungsspezifisch als Posse. Ob Musils Wahl dieser Gattungsbezeichnung mit einer bewußten historischen Rückbindungsmöglichkeit ausgefallen ist, scheint zweifelhaft. Gegen die zeitgenössischen Formen und Erweiterungen der Posse grenzt sich Musil ja ausdrücklich ab, dies gilt vor allem für Werke von Frank Wedekind (vgl. Tb I, S. 631). Doch verdient die Gattungsbezeichnung, zumal bei einem österreichischen Autor vor dem Hintergrund der Wiener Possen- und Volksstücktradition, besondere Bedeutung (vgl. Thomas Schmitz: Das Volksstück. Stuttgart 1990 [=SM 257]). Kann also die von Musil gewählte Gattung der Posse und ihre ausdrückliche Nennung bereits eine Les- und das bedeutet Deutungsart intendieren? Die Äußerungen Musils hierüber sind nicht eindeutig. Im Brief vom 18.1.1924 an Arne Laurin heißt es: »Meine Possen-Komödie [...] ist aber in dichterischer Hinsicht nur ein Brünnlein, ein Jux, der Versuch, den Blödsinn des Theaters so auszudehnen, daß er Löcher reißt, durch die es einige ernstere Ausblicke gibt« (Br I, S. 336f.). Und in einem Brief ausgerechnet an den Blut-und-Boden-Literaturwissenschaftler Josef Nadler vom 1.12.1924 bezeichnet Musil den *Vinzenz* schlicht als »Scherz« (Br I, S. 368). 1935 ist die Distanz gegenüber dem Drama noch größer, »aus Schwäche« habe er ein Stück herausgegeben, »das nicht fertig war u[nd] nie fertig werden wird« (GW 7, S. 960). Ist das Stück tatsächlich nur ein karnevalesker Text? Auf der anderen Seite scheinen Zweifel angebracht, wenn man in dem Stück »echte Musilsche Tiefe« (Naganowski 1973, S. 89) zu erblicken meint.

Unmittelbar zu Beginn der Proben für die Uraufführung hatte sich Musil anders über den Text geäußert. Im Brief vom 15.11.1923 an den Regisseur der Uraufführung Berthold Viertel bezeichnet Musil seine Posse als »Travestie einer Posse, d.h. sie benützt die Mittel der Posse, vor allem ihre logische und kausale Verantwortungslosigkeit zu einem höheren Zweck. Das Publikum soll soviel Unmotiviertheit schlucken wie bei einer wirklichen Posse, aber statt deren Unsinns ein Sinn herauskommen. Im Stil steckt also ein Stück Da-da, [...]« (Br I, S. 319f.). Dann hebt Musil plötzlich die dadaistische Grundstruktur des Stücks hervor, als das »eigentliche Stilproblem« sieht er nun »die Verschmelzung dieses flachgehaltenen dadaistischen Untergrunds der Posse mit den dreidimensionalen Figuren des Vinzens und der Alpha« (ebd., S. 320), den »Charakter des Stücks« nennt er kurz »da-da« (ebd., S. 321). Zieht man die *Tagebücher* aus dieser Zeit zu Rate, worin der *Vinzenz* nur ein einziges Mal erwähnt wird, so findet man auch hier den Hinweis auf den Dadaismus. Musil versucht, sein letztes Theaterstück literarhistorisch zu positionieren: »Eher kommt die Linie über Morgenstern, Da-da, bis Ringelnatz u.[nd] in gewissem Sinn die Lausbübereien von Brecht u[nd] Bronnen« (Tb I, S. 631), Musil reklamiert eine Art »neue[n] Humor[s]« (ebd.) für sich. Natürlich ist der *Vinzenz* kein ›dadaistisches Drama‹ (vgl. Rogowski 1993, S. 212ff.), wenn man denn die entsprechenden, auf theatralische Wirkung hin angelegten szenisch-kabarettistischen Texte der Dadaisten als dramatische Texte beurteilen will. Denn gemessen an den dadaistischen Minidramen wie beispielsweise Richard Huelsenbecks ›Trialog‹ *Durch Dada erledigt* (1920) oder die dadaistische Gemeinschaftsarbeit von Hugo Ball u.a. aus dem Züricher *Cabaret Voltaire* wie das *Krippenspiel* (1916) ist Musils *Vinzenz* durchaus konventionell. Und auch vom Stil her gesehen weist das Stück nicht die entfernteste Verwandtschaft mit einem dadaistischen Text auf. Zudem wurde auch eine »gewisse Nähe« (Rasch 1969, S. 160) zu Hugo von Hofmannsthal konstatiert (vgl. auch Berghahn [1]1963, S. 88). Allerdings bedarf dies noch wesentlich genauerer Untersuchungen, da die Namensidentität von Hofmannsthals Diener Vinzenz aus der Komödie *Der Schwierige* (Uraufführung 1921) und dem Musilschen Vinzenz allein noch kein wissenschaftlich verläßliches Kriterium einer inhaltlichen Textreferenz sein kann.

Der von Musil selbst gegebene Hinweis auf den Dadaismus

kann aber auch eine andere Bedeutung enthalten, es ist der antibürgerliche, sich in Satire und Gesellschaftskritik manifestierende Impetus der Posse, den Musil als den dadaistischen Untergrund seines Stücks strukturell bezeichnet. Und es ist die Bedeutungslosigkeit des Schlusses, der vollständige Verzicht auf eine wie auch immer zu Ende gebrachte Handlung oder eine Ideenentwicklung. Im o.g. Brief an den Regisseur schreibt Musil über das Ende des *Vinzenz*, der Schluß entspräche dem konventionellen Schluß eines Theaterstücks, es sei »eine Verbeugung vor dem Publikum, inhaltslos, nur noch gefällig« (Br I, S. 319), es gehöre »pointiert-lachiert« gespielt im Sinne eines: »Aus is, Zusammenklappen, der Dampf wird abgeblasen« (ebd., S. 321). Insofern ist auch Dietmar Goltschniggs Urteil zuzustimmen, daß Musils *Vinzenz* gleichermaßen Parodie und Satire sei, »eine Satire auf die entfremdete, total kommerzialisierte, nurmehr theatralisch in beliebig reproduzierbaren trivialen Handlungsmustern und Requisiten erlebbare Wirklichkeit; eine Parodie auf das in Konventionen erstarrte zeitgenössische Theater« (Goltschnigg 1991, S. 163).

Die Anzahl der dramatis personae ist, wie schon in den *Schwärmern*, gering gehalten. Von der inhaltlichen Bedeutung und den Redeanteilen her gesehen bilden die beiden Figuren Alpha und Vinzenz, ihr Jugendfreund, eine Mittelachse, der Großkaufmann Bärli und Alphas Mann Dr. Apulejus-Halm, von dem sie allerdings getrennt lebt, bilden eine zweite Gruppe. Beide wollen Alpha (wieder) zur Ehefrau. Eine dritte Personengruppe bilden die Typenvertreter: der Gelehrte, der Musiker, der Politiker bzw. Nationalrat, der Reformer und ein junger Mann. Eine namenlose Freundin erhöht zwar den Frauenanteil des Stücks, erfüllt aber keine dramaturgisch notwendige oder unverzichtbare Funktion. Die anonymen Typen bilden die Gruppe jener ›bedeutenden Männer‹, die sich um Alpha als die begehrte Frau scharen, wobei die Bedeutung der Männer sich über deren ökonomische (Bärli), wissenschaftliche (der Gelehrte), künstlerische (der Musiker), politische (der Nationalrat und der Reformer) und sexuelle Potenz (der junge Mann Marek) definiert. Der Begriff der Freundin für Alpha im Titel bleibt ebenso ambivalent wie ihr Handlungs- bzw. Lebensraum, bei den in den Regieanweisungen genannten Zimmern kann es sich ebenso um einen literarisch-künstlerischen Salon wie um ein Edelbordell handeln, immerhin nennt Vinzenz die bedeutenden Männer »Freier« (GW 6, S. 421). Bärli glaubt an die ungebrochene Kraft des Kapitals;

mit der Losung »ich kann, was ich will« (ebd., S. 411) versucht er, auch im wörtlichen Sinn Alpha zu besitzen, er will sie zur Heirat zwingen. Seine Gefühls- und Handlungsmuster entnimmt er dem bürgerlichen Massenmedium des »Familienblattroman[s]« (ebd.), im Stil einer kaufmännischen Rechnung kennt er nur Tod oder Liebe. Mit der Unfähigkeit, auf den Begriff zu bringen, was diskursiviert werden soll oder kann, wie zum Beispiel sein phantasiertes Glück mit Alpha, legitimiert Bärli sein Besitzdenken: »Mir haben immer die Namen gefehlt, wenn ich etwas gewollt habe. Darum nehme ich es mir!« (ebd., S. 412). Während des Eingangsdialogs zwischen Bärli und Alpha hält sich auch schon Vinzenz im Zimmer auf, zunächst versteckt, doch als Bärli mit Gewalt Alphas Liebe erzwingen will, tritt er aus dem Dunkel hervor. Dieses langsame Herausgleiten aus dem Dunkel des passiven Zuschauens ins Helle der dramatischen Handlung charakterisiert zutreffend Vinzenz' Rolle im Stück wie auch sein Selbstverständnis. Ähnlich wie der junge Törleß huldigt er einem Primat der Beobachtung, auch dann noch, wenn er direkt um Hilfe angesprochen wird. Als Vertreter des ›neuen‹, mathematischen Menschen erweist sich der Versicherungsmathematiker Vinzenz schon in der Eingangsszene als sozial unfähig. Als Beruf gibt Vinzenz aber zunächst »Wortemacher« und »Namenmacher« (ebd., S. 415) an, womit dem Zuschauer seine Bedeutung als Komplementärfigur zu Bärli vor Augen gestellt wird. Daß das Wortemachen – und das heißt eine intellektuelle Fähigkeit – von Vinzenz aber nicht vor Bestechlichkeit oder Käuflichkeit schützt, im Gegenteil das Geld eine höhere Attraktivität als das Wort hat, zeigt Musil an dieser Figur. Vinzenz ist es, der von Apulejus-Halm Geld angenommen hat, um die Liaison zwischen Bärli und Alpha zu unterbinden, Alphas Mann benötigt »Grundlagen für eine Ehebruchsklage« (ebd., S. 419). Doch seinen Auftrag erledigt er nicht, wie er auch von Bärli für die Vortäuschung von dessen Mord- und Selbstmordversuch im zweiten Akt Geld annimmt. Vinzenz' Ehrgeiz gilt nicht der Frau und auch nicht der Erfüllung seines Auftrags, vielmehr will er mit Alpha nur »viel, viel reicher sein als Bärli« (ebd., S. 429). Zu diesem Zweck erfindet er ein vorgeblich sicheres System, um beim Glücksspiel kalkuliert zu gewinnen. Wie Vinzenz Worte vermehrt, er Unzusammengehöriges willkürlich, aber mit operativer Absicht, in eine »wörtliche Zusammengehörigkeit« (ebd., S. 417) bringt, so vermehrt er auch das Geld. »Das

Seelische ist eine Kreditangelegenheit« (ebd., S. 439), sagt er zu dem reichen Bärli. Den gesellschaftlichen Gebrauchswert und die Entsprechung von Geld und Wort in der kapitalistischen Lebenswelt hat der Autor Musil jenseits eines Agitprop-Stücks damit beeindruckend beschrieben. Alphas Bekenntnis, daß sie »eigentlich eine Anarchistin« (ebd., S. 432) sei, entpuppt sich dagegen als scheinbare Worthülse, als eines jener »Kolibri«-Worte (ebd., S. 417), die zusammenhanglos Unsinn sind. Erst der Kontext stiftet Sinn, erst Geld und Begehren fügen das Wort zum lesbaren Diskurs zusammen. Auch Alpha hat diesen Zusammenhang erkannt, der Kontext wird durch die Männer konstituiert, doch produziert diese Erkenntis bei ihr keine Widerständigkeit, keine emanzipative Haltung.

Im dritten und letzten Akt wiederholt Alpha ihre Selbstaussage, daß sie eine Anarchistin sei: »Ich habe die Welt nicht gemacht. Ich hätte sie auch wirklich besser gemacht, wenn ich gefragt worden wäre; das ist kein Kunststück. Und diese, von diesen Männern gemachte Welt soll ich ernst nehmen? Das wollen sie ja von mir; ich soll die Welt respektieren!« (ebd., S. 442). Vinzenz antwortet darauf mit einem ›Kolibri-Wort‹, das weit mehr ist als nur ein ironischer Seufzer: »Was ließe sich aus der Welt machen, wenn ich eine Frau wäre!« (ebd.). Diese Antinomie von notwendiger Veränderung der Welt und der Genügsamkeit des für den Mann vorteilhaften status quo erfahren die Figuren nur als folgenlose Erkenntnis. Alpha reagiert darauf mit Gleichgültigkeit (vgl. ebd., S. 448), sie wählt den für sie ökonomisch vorteilhaftesten Weg und heiratet einen Baron, während Vinzenz sich aufgrund seiner Hochstapeleien und Betrugsversuche als Diener verdingen muß. Am Ende des Stücks steht also fast schon die Umkehrung der gesellschaftlichen Verhältnisse, die kleinbürgerliche ›Freundin bedeutender Männer‹ wird Aristokratin, der gebildete Bürger Vinzenz wird Kleinbürger. Sein Wirklichkeitsverlust und damit seine Fähigkeit, die Veränderbarkeit der Verhältnisse zu erkennen, gehen so weit, daß er Wirklichkeit nur noch als Kunstprodukt zu erfahren in der Lage ist; was in der Wirklichkeit geschehe, so führt er aus, gehöre ins Kino (vgl. ebd., S. 447). *Vinzenz und die Freundin bedeutender Männer* ist – so gesehen – vielleicht Musils ›politischstes‹ Buch. Um so mehr verwundert Brechts Urteil über das Stück. Carl Zuckmayer, der 1924 am *Deutschen Theater* in Berlin zusammen mit Bertolt Brecht als Dramaturg arbeitete, berichtet in seiner Autobiographie *Als wär's ein Stück von mir. Horen der Freundschaft* (Frankfurt/M. 1966, S. 391) von Brechts lakonischem, aber vernichtendem Urteil über Musils Stück, das im Manuskript dem Theater zur Prüfung eingereicht worden war: »Ich hinterlegte das Manuskript [...] für Brecht und bat ihn um seine Meinung. Am nächsten Tag fand ich es wieder, er hatte diagonal über den Umschlag mit Bleistift ›Scheiße‹ geschrieben«. Doch anders als die *Schwärmer* enthält der *Vinzenz* eine eindeutig kritische Intention.

Der Zielpunkt dieser Kritik kommt in der folgenden Tagebuchnotiz Musils treffend zum Ausdruck. Der Autor notiert als Titel für Essays und Kritiken *Pathologie des Theaters* und erklärt dazu: »Ein Pathologe unsrer Zeit vermag ihr aus dem Theater vieles zu diagnostizieren« (Tb I, S. 631). Interessant ist dabei die Umkehrung, wonach nicht das Diagnostizierte auf die Bühne oder ins Theater zu bringen ist, also durch ein Kunst- und Öffentlichkeitsmedium ins Bewußtsein gehoben werden muß, sondern das Theater selbst als gesellschaftliches und historisches Krisensymptom gewertet wird, der Autor also in der entfremdeten, vermittelten Darstellung das Echte wähnt. Musil hat zu diesem Problemkomplex zwei Essays verfaßt, *Symptomen-Theater I* und *II* (vgl. GW 8, S. 1094–1111), 1922 entstanden und publiziert. Darin macht er dem zeitgenössischen Theater den Vorwurf, nichts als »der Bruder des Kolportageromans« (ebd., S. 1096) zu sein. Musil beklagt beim zeitgenössischen Wiener Theater – von dem er positiv beurteilt das Berliner Theater abhebt – die Dominanz des Schauspielers über die Bedeutung des Dichters. Insofern ist Musils Theaterkritik ein pro domo geäußerter Versuch, dem ›geistvollen‹, nichtmodischen Dichter die entsprechende Reputation in der Öffentlichkeit zu verschaffen.

Vor dem Hintergrund dieser Kritik am unechten, eben dem Symptomentheater, das nur noch gespielte Gefühle und nicht mehr gefühlte Gefühle kenne, kann deshalb das Drama *Vinzenz und die Freundin bedeutender Männer* nicht mehr als Lustspiel mit einem ausschließlich unterhaltenden Gebrauchswert verstanden werden. Den »paar Dichter[n]« – zu denen Musil sich ausdrücklich auch rechnet –, »welche neue Inhalte mit dem Instrument der Bühne verwirklichen wollen« (ebd., S. 1107), stehe die »sozialpathologische Tatsache« (ebd., S. 1106) des zeitgenössischen Theaters im Wege. Dies ist eine radikale Kritik am Theater, die zugleich deutlich macht, daß Musil als Autor weniger auf das Medium der Bühne zielt, als vielmehr den Inhalt seiner Stücke nahezu unabhängig vom Medium vermitteln will. Die Bühne ist für Musil lediglich instrumentalisierte Aussageform. Damit tritt die Bedeutung der einzelnen dramatischen Form in den Hintergrund, denn zum Theater gehört, wie Musil betont, neben Operette und Varieté auch die Posse (vgl. ebd., S. 1107). Doch mit Musils poetischer Intention ist, wie Ulrich Karthaus bemerkt, sowohl das konventionelle wie auch das experimentelle zeitgenössische Theater überfordert. Musil versucht, eine Form der »poetische[n] Erregung« und ästhetischen Erfahrung zu bewahren, die literaturhistorisch als »Transformation von Schillers ästhetischem Zustand in das zwanzigste Jahrhundert« (Karthaus 1985, S. 23), letztlich also als Anachronismus verstanden werden muß.

4.4 Drei Frauen

1924 erschien im Rowohlt Verlag Berlin Musils nächster Erzählungsband mit dem Titel *Drei Frauen* (vgl. GW 6, S. 234–306). Er enthält die drei Erzählungen *Grigia*, *Die Portugiesin* und *Tonka*. Musils Erfahrungen als Offizier im Fersental in der Nähe von Trient während des Ersten Weltkriegs liegen den exakten lokalen Beschreibungen der Erzählung *Grigia* zugrunde. Aus der Zeit zwischen dem 3.6. und dem 14.8.1915 stammen einige Tagebucheintragungen, die teils unverändert in die Erzählung übernommen worden sind. Die eigentliche Niederschrift scheint Musil nach heutiger Kenntnis aber erst nach dem 2.11.1918 begonnen zu haben (vgl. Tb I, S. 343 f. u. Arntzen 1980, S. 126), unterbrochen durch die Arbeit an den *Schwärmern* und dem Essay *Geist und Erfahrung*. Der Erstdruck folgte im Dezember 1921 im *Neuen Merkur*, der von Efraim Frisch herausgegeben wurde.

Die *Drei Frauen* bilden in Musils Werk einen Fremdkörper, hier scheint der Autor gleichsam eine konventionelle Erzählweise (vgl. Pott 1984, S. 48) zu erproben, die weder zuvor noch danach in dieser Gestalt wieder Ausdrucksform seines Schreibens ist (dagegen Zeller 1983, die gerade einen Traditionsbruch, dessen Merkmal die narrative und sprachliche Diskontinuität der Erzählungen sei, in den *Drei Frauen* sieht). Zwar wird in der Forschung immer wieder betont, daß in den *Drei Frauen* ein spezifisch Musilsches Thema angeschlagen und perspektivisch durchgeführt sei, nämlich aus der Sicht von Frauen Innerpsychisches zu beschreiben. Doch trifft dies nur auf den ersten Blick zu. Musil hat – nimmt man den *Törleß* und die *Vereinigungen* als Vergleichsmaßstab – in den *Drei Frauen* die Sicht auf die dargestellten Figuren radikal verändert, er schreibt nicht mehr aus einer binnenpsychischen Perspektive der Figuren wie des jungen Törleß oder der Frauen Claudine und Veronika heraus, sondern er schreibt *über* sie. Musil geht zu seinen Figuren auf Distanz, das entspricht einer Erzählhaltung, die ihm den Standpunkt eines auktorialen Erzählers sichert. Diese Allwissenheit des Erzählers bildet auch die erzählperspektivische Grundlage des *Mann ohne Eigenschaften*. Musil erprobt, pointiert gesagt, in den *Drei Frauen* eine wesentliche Erzählhaltung des *Mann ohne Eigenschaften*. Bereits die erste Erzählung *Grigia* wird mit einem allgemeinen Lebens- und Erfahrungsgrundsatz als Erzählkommentar eröffnet: Es gibt im Leben eine Zeit, in der einem leichter ein Unglück zustößt. Diese an sich banale Feststellung gewinnt nur dadurch Aussagewert, daß Musil ihr die Beobachtung einer subjektiven Verlangsamung des Zeiterlebens zugrunde legt. Und gerade dieser dreizeilige Vorspann des Erzählers steht in Kontrast zu dem, was im Text geschildert wird. Nicht die Zeitverlangsamung, die Einförmigkeit des Alltäglichen erlebt die Hauptfigur Homo, sondern eine Komprimierung des Gefühlserlebens, eine Zeitbeschleunigung der Ereignisse, die mit der Rahmenhandlung einer abenteuerlichen, und d. h. Dynamik beinhaltenden Bergwerksexpedition gekoppelt ist. Der äußeren Expedition auf der Suche nach Goldvorkommen in den Bergen entspricht die innere Expedition, die »Katabasis des Geologen Homo in sein eigenes Innere« (Schmidt 1975, S. 4). Durch diesen Kontrast gelingt es dem Erzähler bereits, in eine ›distanzierte Nähe‹ zu seinen Figuren zu treten: Was die Figuren als Ereignisfülle erleben, erweist sich in der Wahrheit der Erzählung als Stillstand, und dies im wörtlichen Sinn: Homo überlebt das Erleben nicht. Homo ist weniger, folgt man der Bedeutungsambivalenz des Namens, ein Vertreter der Gattung Mensch, eher repräsentiert er ›den Mann‹. Homo wird, vom Autor durchaus mit Sympathie, als intellektuell und sozial Überlegener geschildert, der nicht nur mit seinem Spezialwissen der Expedition dient, sondern durch seine soziale Stellung und sein patriarchales Gebaren auch seine Geliebte, die Bäuerin Grigia, beherrscht. Ebenso selbstverständlich und unreflektiert wie er einem minderjährigen Mädchen ein obszönes Angebot macht, nimmt er sich Grigia zur Geliebten. Die urwüchsige Sinnlichkeit der Frauen in den Bergen, die vor allem keine gesellschaftlich codierten Umgangsformen verlangt, ist der unterschwellige Mythos, welcher der Autor seiner Erzählung unterlegt. Dahinter liegt jene Stadt-, Land-, Natur- und Zivilisationsantinomie, die der Hauptfigur in der Erfahrung der Fremde die eigentliche Geborgenheit vermitteln soll (vgl. GW 6, S. 244 u. 246). Musil biegt dieses literarische Motiv dadurch um – und ihm gelingt es damit, diesen Mythos als Großstadtideologem zu entlarven –, daß die sexuelle und psychische Geborgenheit Homos ihren konkreten Ort in einem verlassenen Bergwerksstollen findet. Grigias Mann rollt einen Stein vor den Eingang, Grigia selbst entkommt durch einen Nebeneingang. Der Tod des Mannes Homo steht am Ende der sozialen und sexuellen Verstrickungen.

Die zweite Erzählung der *Drei Frauen* mit dem Titel *Die Portugiesin* ist mit Sicherheit Musils schwächster literarischer Text. Weder der Inhalt, noch das Thema, noch der Stil passen zu Musils damaligem schriftstellerischen Profil. Im Gegenteil, der Stil ist mancherorts so maniert, daß die Erzählung nur noch als Repräsentantin einer historischen Erzählung gelesen werden kann. Der Autor bedient mit diesem Text Rezeptionserwartungen, welche diesseits von Musils schriftstellerischem Selbstverständnis liegen. Die realistische Erzählweise, die Kennzeichen aller drei Erzählungen ist, aber bei der *Portugiesin* aufdringlich im Vordergrund steht, mag ein Grund dafür gewesen sein, daß gerade diese drei Erzählungen den Weg in den Kanon schultauglicher deutschsprachiger Erzählungen gefunden haben. Musils Stärke ist nicht das realistische Erzählen und ist nicht die historische Erzählung. Musil reproduziert hier sprachliche und rollentypologische Klischees, die er in seinen anderen Texten gerade distanziert zu kritisieren oder zu karikieren vermochte. Sprachlich manifestiert sich der manierierte Stil in Formulierungen wie »zweimal zwölf Stunden« (ebd., S. 257), »traulich« (ebd., S. 259), »selbdritt« (ebd., S. 263) oder »Gespielin« (ebd., S. 265). Sogar die medizinische Säftelehre der Aufklärung wird bemüht, um von Kettens Erkrankung zu erklären (vgl. ebd., S. 261). Folgt man hingegen Karl Eibl, so handelt es sich bei der Formulierung, Ketten war »seit Jahr und Tag abwesend« (ebd., S. 254), um einen »stilistisch fein abgestimmte[n] Archaismus« (Eibl 1978, S. 179). Die namenlose Portugiesin wird in dieser Erzählung funktionell auf die Rolle einer Komplementärfigur zum Burgherrn von Ketten reduziert. Weshalb die Erzählung den Titel *Die Portugiesin* trägt, bleibt unergründlich, denn die Figur der Portugiesin wird stets über die erzählperspektivische Vermittlung der männlichen Hauptfigur beschrieben. Die Erzählung insgesamt bringt ziemlich genau die Sprach- und Hilflosigkeit, die Kommunikationsunfähigkeit auf den Punkt, die Musil in der Schlußpassage folgendermaßen beschreibt: »In einem solchen Augenblick begegneten sich Herr von Ketten und die Portugiesin. Sie blieben beieinander stehn, [...] und fanden kein Wort. Das Zeichen war dagewesen, aber wie war es zu deuten, und was sollte geschehn? Eine Kuppel von Stille war um die beiden« (GW 6, S. 268). Die Aporie des Aristokratenehepaars besteht darin, kein lebenshermeneutisches Instrumentarium mehr zu besitzen, wenn der einzige Lebensinhalt des Mannes, Krieg zu führen, entfallen ist. Am Ende vermag von Ketten lediglich einen Männlichkeitsbeweis zu leisten: Krank erklimmt er die bis dahin für unüberwindlich gehaltene Steilwand, auf der die Burg steht. Vergleicht man Musils Erzählung etwa mit Friedrich Torbergs Mittelalterroman *Süßkind von Trimberg* (1972), so wird die thematische und strukturelle Defizienz von Musils Text augenfällig. Auch zur *Portugiesin* sind einige Tagebucheintragungen erhalten, die zum Bestand der Erzählung gehören. Die Episode mit der räudigen Katze etwa geht auf ein Erlebnis Musils während eines krankheitsbedingten Fronturlaubs im April/Mai 1916 in Bozen zurück (vgl. Tb II, S. 1058). Vieles spricht dafür, daß Musil die *Portugiesin* erst nach den Erzählungen *Grigia* und *Tonka*, möglicherweise auch erst nach dem *Vinzenz* 1923 abgeschlossen hat. Im Einzeldruck erschien *Die Portugiesin* als bibliophile Rarität in einer Auflage von 200 Exemplaren 1923 bei Rowohlt, zu einer Zeit, wo wirtschaftliche Depression, soziale Not, niedrige Löhne und eine noch galoppierende Inflation dem Massenverkauf belletristischer Literatur ohnehin nicht förderlich waren.

Die frühesten Notizen zur Erzählung *Tonka* finden sich im *Tagebuch* des Jahres 1903. Musil orientiert sich hier teils noch sehr genau am biographischen Modell Tonkas, Herma (Hermine) Dietz. Nach 1908 verlieren sich die Eintragungen zum *Tonka*-Stoff. Erst um 1920 wird das Thema wieder aufgegriffen, Musil versucht zunächst, den Stoff und die Notizen mit seinen Plänen zu einem großen Roman (dem späteren *Mann ohne Eigenschaften*) zu verbinden (vgl. Arntzen 1980,

S. 134). Doch am Ende entsteht daraus eine eigenständige Erzählung, deren endgültige Niederschrift wahrscheinlich 1922 erfolgte. Der erste Druck erschien 1922 in der Zeitschrift *Der Neue Roman*, herausgegeben von Friedrich Jaksch.

Tonkas Geliebter, der anonyme Er der Erzählung, kann als Weiterführung der Figur des jungen Törleß gelesen werden. Unbedacht reproduziert er gesellschaftliche Klischees, skrupellos nutzt er die Frau für seine eigenen Interessen aus. Tonka ist die instrumentelle Verdinglichung seines sexuellen Begehrens wie auch seines Begehrens nach Klassenaufstieg. Sie ist die Erfüllungsmaschine für den jungen Wissenschaftler und Erfinder ebenso wie für den sozial privilegierteren Mann. Eine Gleichstellung erfährt Tonka durch ihn nicht, lediglich der Zwang zu ökonomischer Sicherung ihres Lebens bringt sie mit ihm zusammen. Sein ›Angebot‹, nach dem Tod der Großmutter, bei der sie als Pflegerin tätig war, für sie zu sorgen, kann nur unschwer die Geste der Käuflichkeit verbergen. Entscheidend ist bei der Deutung der Figur Tonka wieder das schon vertraute Aphasiemotiv. Tonka ist nicht in der Lage zu verstehen, sie ist der sprachlose Körper. Im Text wird dies mit den Möglichkeiten einer kleinbürgerlichen Männerphantasie beschrieben. Schon in der im impressionistischen Sekundenstil gehaltenen Eingangspassage der Erzählung wird Tonka mit einer, wie eine Klette haftenden Einzelheit der Erinnerung verglichen, »das war Tonka« (GW 6, S. 270) ist der lakonische Erzählerkommentar. Damit wird deutlich, daß es im Text nicht um die Frauenfigur Tonka geht, sondern um das Erinnerungsbild des Mannes, der Tonka gekannt hatte, also um die Darstellung der Tonka-Figur aus der Perspektive des gerade arrivierten Mannes. »Tonka war nicht dumm, aber etwas schien sie zu hindern, klug zu sein, und zum erstenmal empfand er dieses weit ausgedehnte Mitleid mit ihr, das so schwer zu begründen war« (ebd., S. 274). Was aber ist ein »weit ausgedehnte[s] Mitleid«? Ein sozial, religiös oder sonstwie motiviertes Interesse für die Person Tonka ist es jedenfalls nicht, und Liebe ist es auch nicht. Tonkas Antwort auf die Frage, weshalb sie denn seine kranke Großmutter pflege (»ich mußte mir doch etwas verdienen«, ebd., S. 275) wertet Er als ›gewöhnliche Antwort‹. Schon früh hat Tonka erfahren, daß die männliche Sprache ein Mittel zur Macht des Begehrens ist, »es empörte sie, daß auch mit ihr jeder Mann zärtlich einzulenken versuchte, kaum er die ersten Worte hinter sich gebracht hatte« (ebd., S. 277). Davon macht auch Er keine

Ausnahme. Redenkönnen ist, dies zeigen die Erbschaftszankereien nach dem Tod der Großmutter, ein »Kapital« (ebd., S. 280), womit imponiert und beherrscht werden kann. Demgegenüber wird Tonka als die Stumme, die Wort- und Sprachlose geschildert. Die Frage, die nun im Anschluß daran der Erzähler stellt, irritiert. Der Erzähler fragt, ob eine Person, die nicht sprechen und sich gewandt ausdrücken könne, die es nicht gelernt habe, wie ein gebildeter Mann in der zweckrationalen Sprache des Bürgertums zu denken und beispielsweise die schöne Natur als eine Ansammlung von Häßlichkeiten zu erkennen (vgl. ebd., S. 277), ob diese Person »gut, wertlos oder bös« (ebd., S. 280) ist. Diese Frage muß irritieren – denn was sind das für Maßstäbe, nach denen ein Mensch, genauer eine Frau beurteilt wird? Der Erzähler fügt an diese Frage die Erklärung an: »Man fühlt, daß da die Begriffe an eine Grenze kommen, wo sie keinen Halt mehr finden« (ebd.). Wird hier nicht etwas mystisch und sprachskeptisch aufgeladen, was in Wahrheit ein dumpfes, chauvinistisches Ideologem ist? Der Wert eines Menschen definiert sich für die männliche Figur – und, so scheint es, für den Autor – über das Sprachvermögen. Und dabei ist Er es, der dazu beiträgt, daß Frauen wie Tonka im Zustand der Sprachlosigkeit gehalten werden, in ihre Unmündigkeit gebannt bleiben. Tonka wird vom Erzähler mit der reinen und unbehauenen Natur verglichen, als Einfache geschildert, als »Natur, die sich zum Geist ordnet« (ebd., S. 285). Dies ist nun in der Tat die Reproduktion billiger Geschlechtsantagonismen, die ihre Herkunft von Otto Weiningers *Geschlecht und Charakter* nicht verleugnen können: Die Frau ist die einfältige, triebhafte Natur, der Mann der ordnende, vorausschauende Geist. Zu fragen ist nun allerdings, welche Position der Autor diesen Geschlechtsmythologemen gegenüber einnimmt, ob der Erzähler tatsächlich mit dem Autor-Ich identisch ist. Ob der Erzähler wenig mehr als ein »unvollkommener Berichterstatter« (Sjögren 1982, S. 435) ist, dessen Ansichten nicht mit jenen des Autors zusammenfallen und also der Bericht ergänzt werden muß, scheint mir zweifelhaft. Viel eher muß die Differenz zwischen dem Erzähler und der Er-Figur gesucht werden, die beschriebene männliche Figur ist nicht der Erzähler. Der Erzähler hingegen ist der Autor, der sich in die »Basisfiktion dieser Novelle« flüchtet, die darin besteht, daß eine Person »am Schreibtisch sitzt und versucht, mittels der Form einer

Er-Erzählung Ordnung und Kontinuität in sein Leben zu bringen« (Eibl 1978, S. 155).

Als Tonka schließlich schwanger und krank wird (mutmaßlich sich eine Geschlechtskrankheit zuzieht), kommt Er aufgrund von Zyklusberechnungen zu dem Schluß, daß er nicht der Vater des Kindes und Urheber der Krankheit sein kann. Der Erzählkommentar mündet an dieser Stelle in einen direkten Leserappell: »Man verweile einen Augenblick, um zu verstehen, wie schwer er es begriff!« (ebd., S. 288). Dies ist keine ironische Brechung, keine humoristische Entschärfung oder erzähltechnische Verfremdung, sondern der unverstellte Versuch des Autors, um Sympathie für seine männliche Hauptfigur zu werben. Am Ende wird Tonka »ein halbgeborener Mythos« (ebd., S. 303) genannt, die reale Person, die reale Schwangerschaft und der reale Tod Tonkas (sie stirbt an den Folgen dieser Schwangerschaft) werden depersonalisiert, Tonka nur noch als Mythos, als Erzählung, eben als diskursive Einzelheit in der Erinnerung bewahrt. So erklären sich auch die Schlußworte: »Das half Tonka nichts mehr. Aber ihm half es« (ebd., S. 306). Der Tod Tonkas wird billigend in Kauf genommen, ja legitimiert mit dem Hinweis auf den Erfolg der wissenschaftlichen Studien der Hauptperson. Der Autor hält die Perspektive des männlichen Blicks also bis zum Ende konsequent durch, die Leser und Leserinnen erfahren nicht, weshalb Tonka keine Auskunft gibt über den eigentlichen Vater des Kindes, weshalb sie darauf insistiert, daß Er der Kindsvater sei. Am Ende des 10. Kapitels der Erzählung findet sich eine ähnliche Solidaritätsbotschaft, adressiert an die Leser: Tonkas Geliebter erkennt, daß er sie entweder heiraten oder verlassen muß. Daran schließt sich der Kommentar an: »Aber niemand wird es ihm übelnehmen, daß er aus solchen Gründen weder das eine noch das andere tat« (ebd., S. 298). Weshalb mobilisiert der Autor die Solidarität des Lesers mit der männlichen Hauptfigur? Wie kommt es zu einem solchen gravierenden Perspektivenwechsel von den *Vereinigungen* zu den *Drei Frauen*? Eine von vielen möglichen Antworten ist mit Sicherheit darin zu suchen, daß für Musil im besonderen die Erzählung *Tonka* – autobiographisch gesehen – eine legitimatorische Funktion im Hinblick auf sein früheres Verhältnis zu Herma Dietz und deren Tod hat. Doch erklärt dies bei weitem nicht alles. Die Funktionalisierung des wortlosen Frauenkörpers ist zugleich auch ein Symptom des gesellschaftlichen Zustands; daß Musil dies zur Darstellung bringt, mag ihm angerechnet, daß er es nicht analytisch durchdringt, kritisch gesehen werden. Insofern fällt es auch schwer, in *Tonka* einen Text zur Veranschaulichung literaturtheoretischer Einsichten zu erkennen. Die Einsicht, daß Literatur die »Erkenntnis der Paradigmen der Erkenntnis der Welt« (Homann 1985, S. 518) bedeutet und dies in *Tonka* vorgestellt wird, läßt sich nur gewinnen, wenn die Deutung des Erzählerkommentars ausgeblendet wird. Diese Einsicht reduziert ein gesellschaftliches Problem auf eine erkenntnistheoretische Fragestellung. Hier wird mit einem theoretischen Überbau verdeckt, daß die individuelle Person völlig untheoretisch und würdelos ihre soziale und psychische Erniedrigung erfährt. Gerhard Meisel legt dar, daß es am Ende von *Grigia* keinen Ausweg gibt, es bleibt die unabänderliche physische Auslöschung des männlichen Subjekts (vgl. Meisel 1991, S. 95); am Ende der *Portugiesin* gibt es zwar einen Ausweg, doch nur, »wenn ein Wunder geschieht oder es mit dem Teufel zugeht!« (ebd., S. 105); am Ende der dritten Erzählung *Tonka* steht das, wie es Meisel treffend nennt, ›Damenopfer‹: Ein Ausweg existiert zwar, doch nur für den Mann und auch nur dann, wenn die Frau verschwindet, physisch und psychisch ausgelöscht wird.

Die Frage, ob die *Drei Frauen* vom Autor als Erzählzyklus komponiert sind und insofern ein gegenseitiges Zeichen- und Verweissystem liefern, das in die einzelne Textdeutung integriert werden muß, ist nicht eindeutig zu beantworten. Der Untertitel der *Drei Frauen* gibt die Gattungsbezeichnung Novellen an. Bereits in einem verworfenen Vorwort von 1911 zu den Erzählungen *Vereinigungen* hatte sich Musil Klarheit über gattungsdistinkte Erzählformen zu verschaffen versucht: »Die Technik: Zwischen Roman u[nd] Novelle steht im Dichter nichts als die Wichtigkeit. Wodurch immer man sonst Drama, Roman, Novelle trennen will sind Eigenschaften zweiten Ranges. Speziell zwischen Roman u[nd] Novelle wählt nur das Maß der Anteilnahme, das Maß dessen, was man von sich hineinlegt (im Drama am wenigsten)[.] Man könnte zu bestimmen versuchen, daß diese Erzählungen [= *Vereinigungen*] durch den Ekel am Erzählen geformt sind« (GW 8, S. 1315). Mit dieser strikten Verweigerung des Erzählens erweist sich Musil als der Ahnherr der modernen oder postmodernen Literatur nach 1945. Für die *Drei Frauen* gilt Musils programmatische und literaturhistorisch gewichtige Aussage freilich nicht. In diesen drei Erzählungen kehrt er vorübergehend zu den Formen des konventionellen Erzählens zurück. Besonders deutlich ist dies in der *Portugiesin* zu erkennen, die neben dem historischen Kolorit eine klassische Forderung der Novellentheorie erfüllt, jenen berühmten Falken Paul Heyses zu finden, wonach eine Novelle einen spezifischen Charakter haben müsse, der sie von anderen Texten deutlich unterscheide. Allerdings mutiert bei Musil der Heysesche Falke – und hierin könnte man durchaus eine gekonnte Travestie dieses Novellentheorems erblicken – zu einem einfachen Insekt: Herr von Ketten wird von einer Fliege gestochen und erkrankt. In der Erzählung wird diese Passage deutlich als eigener Absatz vom übrigen Fließtext abgehoben: »Da stach ihn, als er heimritt, eine Fliege« (GW 6, S. 261; zum möglichen deiktischen Charakter dieses Satzes vgl. Bernauer 1992). Die Gattungsfrage wird, hierin kann man durchaus Musils eigener Lesart folgen, vollends nebensächlich, wenn man berücksichtigt, daß gerade in der Erzählliteratur des frühen 20. Jahrhunderts die Grenzen zwischen Novelle, kurzer Erzählung und Kurzgeschichte mehr und mehr verwischen (anders dagegen Heering-Düllo 1988, S. 50, welche die *Portugiesin* als »Metanovelle« zu retten versucht).

5. Die Essays

Die vierunddreißig Essays waren zu Lebzeiten Musils in Zeitschriften und Zeitungen weit verstreut erschienen, die zweiunddreißig essayistischen Fragmente größtenteils nur wenigen bekannt. Seit 1978 liegen Essays und Fragmente zusammen im achten Band der *Gesammelten Werke* vor. Der Text *Das Unanständige und Kranke in der Kunst* (vgl. GW 8, S. 977–983), am 1. März 1911 im *Pan* veröffentlicht, ist Musils erster publizierter Essay. Thema und Inhalt sind programmatisch für sein Schreiben. Musil wendet sich insbesondre gegen die gesellschaftliche und kunstkritische Tabuisierung von Sexualität in der Kunst, vor allem der Dichtkunst. Dem hält Musil entgegen, daß Kunst nicht nur das vermeintlich Unanständige und Verwerfliche darstellen, »sondern auch lieben dürfe« (ebd., S. 979). Musil hebt die Bedeutung der Kunst für die gesellschaftliche Triebregulierung hervor, denn das Begehren, das in (von der Produktionsseite her gesehen) und auf (von der Rezeptionsseite her gesehen) die künstlerische Darstellung geleitet werde, benötige keine reale Befriedigung mehr. Nach Musils funktionsanalytischer Deutung der Aristotelischen Katharsis, ist die reinigende Wirkung von Kunst die »automatisch entsinnlichende Wirkung« (ebd., S. 980). Doch Musil reklamiert in diesem Essay nicht nur das Thema der Sexualität als genuines künstlerisch-literarisches Thema; er definiert auch – und insofern ist dieser Text als Programm in eigener Sache zu verstehen – die Aufgabe des Künstlers, dessen Gegenstand visionär und offensiv, aber »nicht pazifizierend« (ebd., S. 981) sein solle. Kunst bilde nicht ab, sie erfinde neu. Musil verweigert sich strikt jedwedem mimetischen Kunst- und Literaturverständnis, denn die Aufgabe der Kunst bestehe in der Darstellung von noch Möglichem, sofern es psychologisch und d.h. menschlich motivierbar ist. Musil entspricht auch hier einem Postulat der Aristotelischen *Poetik*, wonach die Dichtung u.a. das zu schildern habe, was sein könnte, das wahrscheinliche Mögliche, und nicht das, was ist (vgl. *Poetik* 1451a, 36ff.). Er unterstellt die Kunst in diesem Essay einem Möglichkeitsprimat: Nicht die Wirklichkeit liefert jenen Maßstab, woran sich der Autor und der Künstler zu orientieren haben, sondern die die Wirklichkeit übersteigenden Möglichkeiten.

In seinem Essay *Über Robert Musil's Bücher* (vgl. GW 8, S. 995–1001) vom Januar 1913 zieht Musil eine Art Zwischenbilanz seiner bisherigen literarischen Arbeiten. Der ›Icherzähler‹, ein »Literaturgeologe« (ebd., S. 996) und ein Schriftstellerkollege treffen sich in der Musilschen Großhirnrinde, zwischen dem (Musilschen) Ich und dem Literaturgeologen entsteht ein Streitgespräch. Musil verteidigt den *Törleß*: Nicht um einen Pubertätsroman mit den wenig interessierenden Problemen Heranwachsender handle es sich bei diesem Text; vielmehr sei die Jugend der Figuren eine »List« (ebd.), die darin bestünde, daß sich an der psychosexuellen Entwicklung von Menschen in diesem Alter Probleme unverstellter und einsichtiger gestalten und deuten ließen, als dies bei den sogenannten Erwachsenen der Fall sei. Dem Einwand des Literaturgeologen, Musil habe nur begrenzte Fähigkeiten zu realistischem Erzählen, begegnet Musil mit dem Hinweis, daß er ohnehin »wenig Schilderungsabsicht« (ebd., S. 997) habe. Damit bekommt der Essay eine programmatische Wendung. Aus der Defensive heraus, die er ja selbst in der Fiktion des Essays wählt, entwickelt Musil die Grundskizze seines poetologischen Programms. Der Begriff des Erzählens ist traditionell an ein Verständnis gebunden, das im Erzählten die »Schilderung der Realität« erwartet (ebd.). Dieser Absage an ein konventionelles Erzählen entspricht Musils Äußerung vom Ekel vor dem Erzählen, die er zwei Jahre zuvor im Kontext der *Vereinigungen* zu Papier gebracht hatte. Es gelte, »das Erzählen vom Kinderfrauenberuf zu emanzipieren!« (ebd., S. 999), Dichten heiße, zunächst über das Leben nachzudenken und dann erst es zu gestalten (vgl. ebd., S. 1000).

Diesem Vorzug des Analytischen vor dem Gestaltenden ist Musils nächster poetologischer Kurzessay mit dem Titel *Analyse und Synthese* (vgl. ebd., S. 1008 f.) von 1913 gewidmet. »Nachdenkende Menschen sind immer analytisch. Dichter sind analytisch. Denn jedes Gleichnis ist eine ungewollte Analyse« (ebd., S. 1008). Selbst wenn Dichter also nicht analytisch schreiben wollten, vollzögen sie doch in jedem Gleichnis eine Analyse. Musil warnt aber davor, daß die vom Dichter geforderten seelischen, figurativen und erzähltechnischen Möglichkeiten (dies faßt er unter dem Titelbegriff der Synthese) keineswegs voraussetzungslos die Anschaulichkeit und Lebendigkeit des einzelnen Textes konstituierten. Die Forderung nach »Entkomplizierung der Literatur« (ebd., S. 1009), was ja nichts anderes bedeutet, als die Forderung nach einfach rezipierbaren, eingängigen Texten, weist Musil entschieden zurück.

Unmittelbar nach Kriegsende äußert sich Musil in dem programmatischen Essay *Skizze der Erkenntnis des Dichters* (vgl. ebd., S. 1025–1030), der 1918 in Franz Bleis Zeitschrift *Summa* erscheint, zu den wesentlichen Fragen seines Dichtungsverständnisses. Die zentralen Gesichtspunkte dieses Essays umkreisen zwei Fragen, einmal: Wie ist die Bestimmung des Dichters, die Definition seiner Aufgabe, seine Funktionsbestimmung oder – wie Musil es nennt – das »Verhältnis des Dichters zur Welt« (ebd., S. 1026) zu verstehen (in Frisés Ausgabe heißt es irrtümlich »Verständis des Dichters zur Welt«; die Korrektur erfolgt nach dem Erstdruck, vgl. dazu Luserke 1987, S. 55, sowie zu den grundsätzlichen editorischen Schwächen von Frisés Ausgabe Zeller 1982)? Zum zweiten geht es um die für Musils Werk zentrale Frage nach der Bedeutung der Begriffe des Ratioïden und des Nicht-Ratioïden (vgl. zur Begriffsklärung auch Tb I, S. 658). Musils Essay kann als Versuch gelesen werden, den Reputationsverlust des Dichters in der Gesellschaft des 20. Jahrhunderts aufzufangen, seine Sonderstellung und Bedeutung zu retten. Musils Text liegt die erklärte Absicht einer erkenntnistheoretischen Klärung des Dichter- und Dichtungsbegriffs zugrunde (vgl. GW 8, S. 1026). Daß es hierbei auch um die Selbstorientierung Musils geht, ist unschwer zu erkennen. Insofern ist es berechtigt, die hier formulierten Erkenntnisse und Ansprüche auf Musils Werk zu applizieren, zumindest so lange, bis sie eine Revision in späteren Essays erfahren.

Musil definiert den Dichter folgendermaßen: »Man könnte ihn beschreiben als den Menschen, dem die rettungslose Einsamkeit des Ich in der Welt und zwischen den Menschen am stärksten zu Bewußtsein kommt« (ebd.). Diese Definition ist bemerkenswert, greift sie doch auf die Formulierung Machs, das Ich sei unrettbar, zurück. Doch zugleich restituiert Musil wieder das autonome Ich als Erkenntnissubjekt, lediglich die Einsamkeit dieses Ichs ist rettungslos. Musil verbindet die Fortführung der Machschen Formel mit einem literaturhistorisch gängigen Topos, der zumal in der Literatur der Wiener Moderne durchaus gebräuchlich war: Jene Vorstellung, daß der wahre Dichter ein zutiefst einsamer Mensch sei. Bei Hermann Broch findet sich die Formulierung der »Erkenntnis von der furchtbaren und unabänderlichen Einsamkeit des Ichs« (*Kommentierte Werkausgabe*, hg. v. Paul Michael Lützeler. Frankfurt/M. 1977, Bd. 10/1, S. 243) als einzige und gewaltigste Tragik des Menschseins ebenso wie bei Hermann Bahr, der, in der Nähe zur Machschen Formel, vom unrettbaren Ich sprach (s.o.). Einsamkeit ist hier, anders als in der aufgeklärten Popularphilosophie eines Zimmermann oder Garve, ein dauerhafter Deprivationszustand. Einsamkeit dient nicht der erneuerten Sozialfähigkeit des einzelnen Menschen oder als notwendige Voraussetzung für schöpferische Tätigkeit, sondern ist ein Entfremdungszustand, der den Verlust von sozialer und psychischer Bindung bedeutet. Musil charakterisiert das die Ratio umlagernde Gebiet als das Ratioïde, das keineswegs mit dem Rationalen oder Bewußten zusammenfällt. Das Suffix ›-oïd‹ verweist sprachlich auf ›Ähnlichkeit‹, bedeutet aber nicht ›Identität‹ (vgl. Luserke 1987, S. 56). Das ratioïde Gebiet »umfaßt – roh umgrenzt – alles wissenschaftlich Systematisierbare, in Gesetze und Regeln zusammenfaßbare, vor allem also die physische Natur« (GW 8, S. 1026f.). Das ratioïde Gebiet sei, so führt Musil weiter aus, vom Begriff des Festen beherrscht, vom Unabänderlichen, Unverrückbaren, Statischen, Gesetzmäßigen und Regelhaften. Kehrt man diese Formel um, wird noch deutlicher, worauf Musils Beschreibungsabsicht zielt: Das Feste des Begriffs liefert auf dem ratioïden Gebiet jene Verläßlichkeit und Verbindlichkeit, worauf sich soziales Handeln (Musil führt die herrschende Ethik als Beispiel an) ebenso wie auch (natur-)wissenschaftliche Regelformulierungen gründen. Dies entspricht auch dem Bild der »erstarrenden Caissons der Begriffe« (ebd., S. 1027), die auf dem ratioïden Gebiet die Orientierungsmarken liefern. Erstaunlich ist in diesem Zusammenhang, daß Musil eine universalistische Auffassung von sprachlicher Bedeutung vertritt, weist er doch neben dem subjektiven Anteil von Vorstellungen auch auf deren »objektive, universal übertragbare Bedeutung« (ebd., S. 1027) ausdrücklich hin. Dies heißt, daß die Bedeutung von Begriffen unabhängig vom Begriffsgebrauch ist. Dies gilt nur vom ratioïden Gebiet, worin wiederum Musils uneingeschränkte Wissenschaftsgläubigkeit zum Ausdruck kommt. Der Ort der poetischen Vernunft hingegen ist das nicht-ratioïde Gebiet. »War das ratioïde Gebiet das der Herrschaft der ›Regel mit Ausnahmen‹, so ist das nicht-ratioïde Gebiet das der Herrschaft der Ausnahmen über die Regel« (ebd., S. 1028), es ist das »Heimat[s]gebiet des Dichters, das Herrschaftsgebiet seiner Vernunft« (ebd., S. 1029). Die Aufgabe des Dichters wird nun so beschrieben: »immer neue Lösungen, Zusammenhänge, Konstellationen, Variable zu entdecken, Prototypen von Geschehensabläufen hinzustellen, lockende Vorbilder, wie man Mensch sein kann, den inneren Menschen *erfinden*« (ebd.). In seltener Deutlichkeit kritisiert Musil das bürgerliche Dichterverständnis, wonach der Dichter ein ekstatisch und visionär delirierender Ausnahmemensch sei (vgl. ebd.). Musil lehnt dieses deutlich an Stefan George und seinem Kreis ausgerichtete Dichtungsverständnis ab. 1931, in dem Essay *Literat und Literatur. Randbemerkungen dazu* (vgl. ebd., S. 1203–1225), wird Musil den Dichter als einen Menschen beschreiben, »dessen Leben sich unter Bedingungen vollzieht, die anders sind als die üblichen« (ebd., S. 1211), womit die menschliche und gesellschaftliche Exklusivität des Dichters dann doch gesichert bleibt. Der Verweis auf diesen späten Essay ist auch insofern gerechtfertigt, als Musil hierin nochmals den Begriff des nicht-ratioïden Denkens erläutert. Musil trennt eindeutiger als in der *Skizze der Erkenntnis des Dichters* zwischen dem Gegenstandsbereich des wissenschaftlichen Diskurses und dem Gegenstandsbereich des literarischen, fiktionalen Diskurses; er spricht sogar von den »zwei autonome[n] Gegenstandsgebiete[n] des Erlebens und Erkennens« (ebd., S. 1214). Wissenschaft zielt auf Erkenntnis, Literatur zielt auf Erlebnis. Literatur vermittelt auch Erlebnis, doch wie ist Musils Schlußfolgerung zu erklären: »Indem die Dichtung Erlebnis vermittelt, vermittelt sie Erkenntnis« (ebd., S. 1224)? In zeitlicher Nähe zu diesem Essay mag eine Variante zu den autobiographischen Skizzen (etwa 1936) entstanden sein, worin gerade diese Vermittlungsfunktion der Dichtung negiert wird, Dichtung vermittle nicht Wissen und Erkenntnis, sondern benutze sie (vgl. GW 7, S. 967). Der Widerspruch bleibt bestehen, es wäre unsinnig, ihn auflösen zu wollen.

Bei allem programmatischen Pathos bleibt auch Musils Essay *Skizze der Erkenntnis des Dichters* doch eher ungenau, als daß er ein klares Aussagenprofil erkennen ließe. Bei genauerem Hinsehen erweisen sich auch einige Vergleiche und begriffliche Umschreibungen als paradoxe, ja paralogische Äußerungen, die der beabsichtigten erkenntnistheoretischen Prüfung nicht standhalten können. Musils Sache ist die philosophische Deduktion nicht, seine Absicht besteht vielmehr darin, in der Form des Essays eine Erkenntnisstimmung und Erkenntnisbereitschaft zu erzeugen, die ihm Zustimmung sichert. Musils *Skizze der Erkenntnis des Dichters* muß vor allem als ein Versuch der schriftstellerischen Selbstorientierung nach dem Ende des Ersten Weltkriegs gelesen werden. Denn daß der Dichter die Aufgabe habe, Handlungs-, Denk- und Lebensmöglichkeiten zu entwerfen, die in der je eigenen Wirklichkeit unmöglich scheinen, gehört zum festen Inventar literarhistorischer Dichtungsbestimmungen. Diese notwendig knappen Bemerkungen machen deutlich, daß Musil kein kohärentes Begriffssystem oder gar ein geschlossenes Denkgebäude liefert. So gerne der Autor Robert Musil auch als Beispiel für eine hochreflexive, philosophische Diskurslage in der modernen Literatur herangezogen wird, der Kohärenz und Einsinnigkeit von Begriffen und Systemen entzieht sich dieser Schriftsteller stets. Denn das Ausweichen vor der Festlegung ist Musils schriftstellerisches Programm, es entspricht jenem essayistischen Verhalten, das im *Mann ohne Eigenschaften* nicht nur für die Figuren konstitutiv sein wird.

Musils Verhältnis zur Politik, wie es in seinen Essays dokumentiert ist, kann als problematisch bezeichnet werden (vgl. zu den frühen Essays Daigger 1992, zu den politischen Essays der zwanziger Jahre Kucher 1983). In dem *Politischen Bekenntnis eines jungen Mannes. Ein Fragment* (vgl. GW 8, S. 1009–1015) vom November 1913 bezeichnet sich Musil selbst als »konservativer Anarchist« (ebd., S. 1011), der sich bislang nie für Politik interessiert habe. Musil dokumentiert in diesem Essay auch seinen Wissenschafts- und Fortschrittsoptimismus, der darin besteht, daß versucht werden solle, die Exaktheit und Berechenbarkeit naturwissenschaftlicher Verfahren auf die Moral zu übertragen. Wissenschaft ist für Musil ein »Ergebnis der Demokratie« (ebd., S. 1011). Diese Haltung ändert sich 1914. Gleich nach dem Ausbruch des Ersten Weltkriegs verfaßt Musil den Essay *Europäertum, Krieg, Deutschtum* (vgl. ebd., S. 1020–1022), der im September 1914 in der *Neuen Rundschau* erscheint. Dieser Essay ist das erschreckende Dokument eines Intellektuellen, der die Distanz zu den politischen Vorgängen verloren und sich gänzlich mit dem Krieg identifiziert hat (vgl. Böhme 1974, S. 97). Die Kriegsbegeisterung äußert sich bei Musil wie bei vielen anderen Intellektuellen seiner Zeit weniger im Hurra-Geschrei, als in der Übertragung militärisch-soldatischer Begriffe auf den Gegenstand der Literatur. »Schön und brüderlich« (ebd., S. 1020) nennt Musil den Krieg, und die Dichtung sei »im

Innersten der Kampf um eine höhere menschliche Artung« (ebd., S. 1021). Sie »war gerade dadurch in ihrer Art von dem gleichen kriegerischen und erobernden Geist belebt, den wir heute in seiner Urart verwundert und beglückt in uns und um uns fühlen« (ebd.). Zweimal betont Musil, daß Österreich-Ungarn keine Schuld am Ausbruch des Krieges treffe (vgl. ebd., S. 1020), Kampfbereitschaft und bedingungslose Treue, die soldatischen Tugenden von Mut, Pflichterfüllung, Schlichtheit und Unterordnung würden nun zu ihrer eigentlichen Geltung gelangen. Gegen den Schluß des Essays verliert sich der Autor in ein Kriegsbegeisterungspathos: Die Todesgefahr im Krieg sei ein »Glück« (ebd., S. 1022), der Tod selbst habe seine Schrecken verloren. Der Verlust von Hab und Gut wie auch der Verlust des Lebens, heißt es in der Sprache der Kriegsideologie, sei ein »Erlebnis«, eine »Urmacht, von der höchstens Liebe ein kleines Splitterchen war« (ebd.). Das Massenerlebnis in der ›Kampfgemeinschaft‹ ist für Musil nichts als die elementare Leistung, »den Stamm zu schützen«, »Sicherheit und Freude« (ebd.) seien damit verbunden. Die Verharmlosung der Kriegsschrecken und die Mythisierung der Kriegserlebnisse sind die markantesten Aussagen Musils in diesem Essay, die Dichtung vollzieht nur diese äußeren, politischen und gesellschaftlichen Ereignisse im Körper der Literatur nach.

Noch im Dezember 1921 spricht Musil in dem Essay *Die Nation als Ideal und als Wirklichkeit* (vgl. ebd., S. 1059–1075) vom Krieg als ein »seltsames, dem religiösen verwandtes Erlebnis« (ebd., S. 1060). Von mystischen Ureigenschaften ist darin ebenso die Rede wie vom berauschenden Gefühl des Kriegs. Die Kriegsgegner werden, für die Leser und Leserinnen durchaus befremdlich, entschieden diffamiert: »Wer schon zu Beginn Kriegsgegner war, mußte es fanatisch sein; er spie der Nation ins Gesicht, er meuchelte sie und bewies damit nur – die Konträrfaszination« (ebd., S. 1060), der Krieg sei Flucht vor dem Frieden (vgl. ebd., S. 1071). Gewiß, Musil versucht, den Diskussionsstand seiner Zeit zu analysieren, doch bleibt das Verhältnis von kritischer Distanz und affirmativer Nähe deutlich unausgeglichen. Musils Ergebnis lautet, daß der Mensch gestaltlos, Gutes und Böses gleichermaßen zu tun in der Lage sei (vgl. ebd., S. 1072). Auch dieses Ergebnis gleicht eher einem Allgemeinplatz denn einer eingehenden Analyse komplexer gesellschaftlicher und politischer Verhältnisse. In dem Essay *Das hilflose Europa oder Reise vom Hun-*

dertsten ins Tausendste (vgl. ebd., S. 1075–1094) von 1922 hält Musil den Nachkriegspazifisten und Novemberrevolutionären entgegen: »Ich vermag [...] nichts zu sehn als eine Revolution der Seele gegen die Ordnung« (ebd., S. 1090), die sich entweder in religiösen oder kriegerischen Aufständen äußere.

In seinem Vortrag *Der Dichter in dieser Zeit* (vgl. GW 8, S. 1243–1258) vom Dezember 1934 – Hugo von Hofmannsthals 1907 erstmals in der *Neuen Rundschau* veröffentlichter Vortrag *Der Dichter und diese Zeit* mag Musil inspiriert haben – plädiert er für eine Trennung von Literatur und Leben. Zwar seien die Gegenstandsbereiche von Politik und Literatur kaum mehr voneinander zu trennen, doch verlange das literarische Kunstwerk – Musil formuliert dies als ästhetisches Postulat (!) – die »Abstraktion vom Leben« (ebd., S. 1254). Auch wenn es Musil um einen konservativen Rettungsversuch geht, dem Dichter seine bedrohte Funktion zwischen kollektivistischen und individualistischen Rollenzuschreibungen zu bewahren, so gibt diese Rede zugleich Einblick in Musils zeitdiagnostische, politische Sensibilität. In Österreich war im März 1933 die parlamentarische Verfassung aufgehoben worden, das Verbot aller Parteien folgte, und am 25.7.1934 wurde Bundeskanzler Dollfuß von Nationalsozialisten ermordet. Vor diesem zeitgeschichtlichen Hintergrund stellt sich die Frage, ob Musil mit dieser Rede tatsächlich eine gezielte Provokation im Sinn hatte (vgl. Arntzen 1980, S. 72), oder ob er sich leichtfertig der Gefahr aussetzte, Beifall von der falschen Seite zu bekommen? Diese Frage stellt sich zumindest, wenn man in der Ergänzung zum Vortrag liest: »Das in Österreich seither gehandhabte politische Regiment darf sich mit Recht ein tolerantes nennen« (ebd., S. 1257).

Musils aristokratischer Dichterbegriff wird anläßlich seines Vortrags in Paris am 21. Juni 1935 vor dem Ersten Internationalen Schriftstellerkongreß zur Verteidigung der Kultur einer scharfen Kritik unterzogen. Musil fühlte sich mißverstanden, gab vor, die politische Haltung der Veranstalter nicht gekannt zu haben. Alfred Döblin berichtet in einem Brief an Arthur Rosin vom 11.7.1942: »Ich sprach M[usil] zuletzt in Paris, wohl 1936 oder 1937 [recte: 1935, M.L.], in der russ[ischen] Botschaft, wo wir alle nach Abschluß eines Congresses eingeladen waren; Musil hatte geredet und sagte mir, daß er sich ärgere gesprochen zu haben, weil er erst zu spät erfuhr, wer eigentlich die Drahtzieher des Congresses waren-« (zit.

nach: GW 9, S. 1829). Im Brief an Bernard Guillemin vom 24.3.1935 schreibt Musil selbst: »Der Kongreß war ziemlich eindeutig politisch und wird mich wohl in die unangenehme Lage gebracht haben, meine Gastgeber enttäuschen zu müssen [...]« (Br I, S. 655). Ähnlich schreibt Musil auch an Harry Goldschmidt am 22.9.1935: »Es tut mir wirklich leid, daß ich mißverstanden worden bin, denn der Eindruck, den ich vom Kongreß empfangen habe, hat sich nachträglich vertieft. Ich bin auch selbst nicht ohne Schuld an diesen Mißverständnissen, weil ich meine Worte zu wenig den Umständen angepaßt und zu knapp u. theoretisch gesprochen habe. Aber der Inhalt dessen, was ich gesagt habe, u. in der Hauptsache handelt das von der Frage, unter welchen politischen Bedingungen die Kultur wächst, ist vollkommen einwandfrei« (Br I, S. 659f.). Musil selbst begreift also die Wirkung auf seine Rede als ein Mißverständnis, und die Forschung ist ihm in dieser Einschätzung bislang gefolgt, wenn die Rede über eine Paraphrase des Inhalts hinaus überhaupt Gegenstand einer eingehenderen Erörterung war (vgl. Schiller 1988 und Hüppauf 1991). Dieter Schiller spricht davon, daß Musil »unglücklicherweise unter den zwanzig deutschen und deutschsprachigen Rednern der einzige war, welcher nicht zu den linksbürgerlichen und sozialistischen Autoren gerechnet werden konnte« (Schiller 1988, S. 285). Natürlich war Musils Rede auf dem Pariser Kongreß völlig deplaziert; dies im nachhinein korrigieren zu wollen, ist unsinnig, aus Musil läßt sich kein linksintellektueller Kritiker des deutschen und österreichischen Faschismus der dreißiger Jahre machen. Und es kann auch keine Rede davon sein, daß diese Sicht korrigiert werden müsse, wie Schiller meint (vgl. ebd.). Auch sind erhebliche Zweifel daran angebracht, daß das, was Musil zu sagen hatte, »nach Geist und Buchstaben« (ebd.) auf diesen Kongreß gehörte. Differenzierter sieht dies Bernd Hüppauf, der unmißverständlich darlegt, daß Musils Rede – und man könnte ergänzen Musils Haltung – nicht bündnisfähig gewesen ist (vgl. Hüppauf 1991, S. 55). Herkunft und Intention von Musils Rede waren unter den Kongreßteilnehmern auch nicht verhandlungsfähig, ja nicht einmal diskussionsfähig, Hüppauf nennt Musils Position »extrem unzeitgemäß« (ebd.). Allerdings ist Hüppaufs Versuch, Musils Rede für die gegenwärtige nicht nur literaturwissenschaftliche Diskussion um Moderne und Postmoderne gewinnbringend zu reaktivieren, sicherlich nicht unproblematisch, bleibt doch bei solchen Aktualisierungsversuchen oftmals die Erkenntnis über historische und inhaltliche Unschärfen auf der Strecke.

Vor dem Forum linker, vielfach schon exilierter Autoren vom apolitischen Charakter der Kultur zu sprechen (vgl. GW 8, S. 1262) und zu betonen, daß Kultur an keine politische Form gebunden sei, daß die Abneigung gegen totalitäre Staatsformen »bloß auf die Gewöhnung an die parlamentarisch-demokratischen zurück[geht]« (ebd., S. 1263), war entweder Ausdruck einer grandiosen Fehleinschätzung oder Zeichen des Muts zur radikalen, sich über politische und zeitgeschichtliche Bedenken hinwegsetzenden Provokation. Musil zieht in diesem Vortrag auch in Zweifel, daß die politischen Verhältnisse beispielsweise durch die Literatur geändert werden könnten und spricht vom »Auftrag zur Macht« (ebd., S. 1265), was besonders prekär vor dem Hintergrund des deutschen und österreichischen Faschismus gewesen ist. Es ist also insgesamt nicht verwunderlich, daß Musil mit seiner zugestanden reflektierten und authentischen Position eines Kulturkonservativismus auf den schärfsten Widerspruch seiner Schriftstellerkollegen gestoßen ist.

6. Nachlaß zu Lebzeiten

In seinem Buch *Nachlaß zu Lebzeiten* (vgl. GW 7, S. 471–562) von 1936, das allerdings schon Ende 1935 ausgeliefert wurde, versammelt Musil bis dahin verstreut erschienene Prosastücke (zu den Vorstufen der einzelnen Texte vgl. ebd., S. 563–622). Das Buch gliedert sich in vier selbständige Teile: *Bilder, Unfreundliche Betrachtungen, Geschichten, die keine sind* und *Die Amsel*. Kennzeichen aller Texte – abgesehen von der *Amsel* – ist ihr Kurzgeschichtencharakter. Die einzelnen Texte, teils als Gelegenheitsarbeiten für Zeitungen geschrieben, wurden zuerst in den Jahren zwischen 1914 und 1931, die meisten freilich in den zwanziger Jahren veröffentlicht.

In einem Brief vom 25.11.1935 nennt Musil den *Nachlaß zu Lebzeiten* sein kleines Lückenbüßer-Buch (vgl. Br I, S. 674). Dies meint weniger den ohnehin ausgebliebenen Verkaufserfolg, als vielmehr die für Musil grundsätzliche arbeitspsychologische Bedeutung der Textsammlung: Die Fortführung des *Mann ohne Eigenschaften* stagnierte, der zweite Band war bereits 1932/33 erschienen, und Musil befürchtete zu Recht, daß sein Name allmählich im Gedächtnis seiner Leserschaft verblassen würde. So nahm er die Anregung Otto Pächts auf und stellte im Oktober 1935 die Sammlung von teils für das Buch bearbeiteten Prosatexten zusammen. Insgesamt umfaßt der *Nachlaß zu Lebzeiten* folgende 30 Einzeltexte: *Das Fliegenpapier, Die Affeninsel, Fischer an der Ostsee, Inflation, Kann ein Pferd lachen?, Der Erweckte, Schafe, anders gesehen, Sarkophagdeckel, Hasenkatastrophe, Die Maus, Hellhörigkeit, Slowenisches Dorfbegräbnis, Mädchen und Helden, Pension Nimmermehr, Schwarze Magie, Türen und Tore, Denkmale, Der Malsteller, Eine Kulturfrage, Unter lauter Dichtern und Denkern, Kunstjubiläum, Triëdere, Hier ist es schön, Wer hat dich du schöner Wald ..?, Der bedrohte Ödipus, Der Riese Agoag, Ein Mensch ohne Charakter, Eine Geschichte aus drei Jahrhunderten, Kindergeschichte* und *Die Amsel*.

Die Textsammlung besteht aus einer eigenartigen Mischung von Kurzgeschichte, Anekdote, Feuilleton, Essay und Erzählung (die Frage, ob man die Texte gattungstypologisch auch als Prosagedichte verstehen kann, halte ich für nebensächlich, vgl. Zeller 1981c). Stand der *Nachlaß zu Lebzeiten* lange im Schatten der Forschung zum *Mann ohne Eigenschaften*, so ist erst in den letzten Jahren die Bedeutung dieser Miniaturprosa erkannt worden. Die ausführlichste Darstellung, welche die Textsammlung als geschlossenen Corpus betrachtet, bietet Gudrun Brokoph-Mauch (1985), allerdings beraubt die dabei zugrundegelegte Systematik die Texte ihrer Bedeutungsfülle.

Auffallend am ersten Teil, den *Bildern*, ist, daß Musil häufig die Ich-Form wählt. Damit könnte bereits ein wichtiges Kennzeichen dieser Kurzprosa benannt sein. Erlaubt die epische Großform – zu denken ist hier vor allem an den *Mann ohne Eigenschaften*, aber auch an den *Törleß*, die *Vereinigungen* und die *Drei Frauen* – nachgerade die distanziertere Erzählweise eines Er- oder auktorialen Erzählers, so ermöglicht die Form der Kurzprosa auch dem Erzähler Musil die Rücknahme von Distanz und Breite des beschriebenen Gegenstands. Und entgegen seinen Bedenken – die vor allem den *Vereinigungen* und *Drei Frauen* galten –, daß das konventionelle Erzählen nicht mehr zeitgemäß sei, ist es gerade das narrative Grundmuster, das die Kurzgeschichten auszeichnet. So heißt es etwa in *Kann ein Pferd lachen?*: »Das ermutigt mich zu erzählen, daß ich einmal ein Pferd lachen gesehn habe« (GW 7, S. 482) oder zum Beginn von *Ein Mensch ohne Charakter*: »Ich will also die Geschichte eines Mannes erzählen [...]« (ebd., S. 533). Musil variiert in diesen Geschichten größtenteils Themen, die inzwischen zum festen Bestand seines Werks gehören. Der Ton schwankt zwischen protokollarischem Sekundenstil (*Der Erweckte*; *Hellhörigkeit*) und ostentativer Satire (*Schafe, anders gesehen*; *Mädchen und Helden* u. a., vgl. Berger 1970). Die Texte des zweiten Teils, der *Unfreundlichen Betrachtungen*, lassen sich durchaus auch als kulturkritische Essays lesen, während die *Geschichten, die keine sind* (so der Titel) deutlich ins Groteske und Märchenhafte weisen.

Aus der Textsammlung des *Nachlaß zu Lebzeiten* ragt als umfangreichste Erzählung *Die Amsel* hervor, die zugleich den selbständigen vierten Teil bildet. *Die Amsel* erschien als eigenständige Erzählung erstmals im Januar 1928 in der *Neuen Rundschau*, doch gehen wesentliche Teile schon auf Tagebucheintragungen des Jahres 1914 zurück. Unter dem Stichwort »*Die Nachtigall:* (Aber es war eine Amsel.)« (Tb I, S. 297) macht sich Musil einige Notizen, die er teils wörtlich in die endgültige Erzählung übernimmt. Vorstufen zur *Amsel* werden von Musil noch mit dem signifikanten Titel *Ein Soldat erzählt* belegt (vgl. dazu Tb II, S. 997–1001). In der Tat geht es zumindest bei der zweiten Binnengeschichte der *Amsel* um ein elementares Kriegserlebnis. Zentrales Motiv aller drei Geschichten ist die plötzliche Umwandlung einer Alltagserfahrung oder Alltagsbeobachtung in die Bedeutungskraft eines überwirklichen Zeichens. In der ersten Geschichte macht die Wahrnehmung des nächtlichen Singens einer Nachtigall Azwei bewußt, daß er auf etwas gewartet habe und nicht wußte, worauf (vgl. GW 7, S. 551). Das akustische Signal des Vogels löst diese Erkenntnis aus, die wiederum eine konkrete Handlung nach sich zieht: Azwei verläßt seine Frau. Voraussetzung dafür ist aber ein bestimmter Bewußtseins- oder Halbbewußtseinszustand, ein »zauberhafte[r] Zustand« (ebd., S. 552), der u. a. von der Realität und ihren Verpflichtungen entbindet. Beinahe halluzinatorisch reagiert Azwei und deutet die Nachtigall als »Himmelsvogel« (ebd.) und überhöht damit das Tier religiös als ein Zeichen des Himmels. Selbst die Wahrnehmung, daß es sich gar nicht um eine Nachtigall, sondern um eine einfache Amsel handelt, kann Azwei nicht mehr davon abhalten, an die symbolische Bedeutung des Vogels zu glauben. Azwei ist in dieser ersten Geschichte der (re-)aktive Teil, der sowohl die Disposition für diesen zauberhaften Zustand schafft als auch von sich aus auf das Signal antwortet und handelt.

Auch in der *Amsel* betont der Erzähler gleich im Eingangssatz die Bedeutung der narrativen Struktur: »Die beiden Männer, deren ich erwähnen muß – um drei kleine Geschichten zu erzählen, bei denen es darauf ankommt, wer sie berichtet – waren Jugendfreunde; nennen wir sie Aeins und Azwei« (ebd., S. 548). Die Konstruktion dieser Rahmenerzählung – wobei sich der Rahmenerzähler äußerst zurückhält – wird ergänzt durch die Binnenerzählung. Dies sind drei einzelne Geschichten, die nun der Erzähler Azwei berichtet (vgl. Eibl 1970). Jenseits der Deutungsmöglichkeit, daß die Figur Azwei auch als das »Opfer schizophrener Regression« (Krotz 1976, S. 7) zu verstehen ist, bedarf besonders die inhaltliche Verbindung der drei Geschichten Aufmerksamkeit. Aeins und Azwei sind, wie schon die Namensgebung andeutet, entindividualisiert, sie sind Platzhalter und stehen für etwas, das erst im Lauf der Erzählung ›errechnet‹ werden muß. Am Ende muß sich dann zeigen, wofür beide Bezeichnungen stehen.

Die zweite Binnengeschichte, die Azwei erzählt, handelt von einem Kriegserlebnis. Wieder ist es ein akustisches Signal, welches Azwei in einen entrückten Zustand versetzt und die martialische Kriegssprache seiner historischen Wirklichkeit in eine beinahe schon zärtliche, jedenfalls harmlose Sprache der Entrückung umschreiben läßt. Das Geräusch eines Fliegerpfeils, jener zeitweilig im Ersten Weltkrieg eingesetzten Eisenstifte, die von Flugzeugen aus auf feindliche Stellungen abgeworfen wurden, empfindet Azwei »wie ein noch nie erwartetes Glück!« (ebd., S. 556), als ob eine Stimme für ihn singe. Die Kriegswaffe wird sogar zu einer engelsgleichen Botschaft aufgewertet: »ich war sicher, in der nächsten Minute Gottes Nähe in der Nähe meines Körpers zu fühlen« (ebd.). Die Bedrohung durch die Militärwaffe erfährt Azwei als Epiphanie des Mythos, in seltener Kürze heißt es: »Er, es war da« (ebd., S. 557). Zurück bleibt der Wunsch, die Intensität dieses Lebensgefühls in unmittelbarer Todesbedrohung nochmals zu erfahren. Verwunderlich ist, daß der Rahmenerzähler an dieser Stelle nicht interveniert, daß er jegliche Distanzierung verweigert, weder ironische Brechung noch Erzählerkommentar helfen an dieser Stelle den Lesenden. Es gibt jedoch einen Gleichklang des enthusiasmierten Kriegserlebens zwischen dieser Binnengeschichte der *Amsel* von 1928 und einer Tagebucheintragung vom 22.9.1915. Musil schreibt unter diesem Datum über einen Fliegerpfeil: »Nachher sehr angenehmes Gefühl. Befriedigung, es erlebt zu haben. Beinahe Stolz; aufgenommen in eine Gemeinschaft, Taufe« (Tb I, S. 312). Daß es sich bei dem von Musil berichteten Kriegserlebnis, wo er nur knapp dem Tod entging, auch um ein Beispiel einer Literarisierung der Umwandlung von Versuchen der Experimentalpsychologie, wie sie Musil in Berlin kennengelernt hatte, in solche der Militärtechnik handelt, wurde erst jüngst festgestellt (vgl. Berz 1990). Doch bleibt auch bei dieser Lesart festzuhalten, daß der Erzähler einer Faszination des mystisch aufgeladenen Erlebens erliegt, die durch ihre »Ästhetisierung und Mystifizierung« (Sanders 1972, S. 92) die realen Schrecken des Krieges verdrängt.

Der Charakter der Initiation ist auch Kennzeichen der dritten Binnengeschichte. In dieser Geschichte taucht wieder die Amsel auf. Nach dem Tod von Azweis Mutter erscheint diese ihm als Amsel mit dem Gesang einer Nachtigall (vgl. GW 7, S. 561). Die Amsel/Mutter – das Verhältnis zwischen ihr und Azwei kann durchaus als »Individual-*Totemismus*« (Baur

1973, S. 250) bezeichnet werden – spricht zu ihm: »Ich bin deine Amsel [...] kennst du mich nicht? [...] Ich bin deine Mutter« (GW 7, S. 561). Diese Geschichte ist, im Unterschied zu den beiden vorangegangenen, nicht abgeschlossen, der Ausgang ist noch offen, Azwei hält die Amsel in einem Käfig gefangen. Worauf kommt es dem Erzähler an und warum erzählt Azwei seine Geschichte? Azwei möchte erfahren, ob sie wahr ist (vgl. ebd., S. 553). Wer aber sollte ihm die Wahrheit seiner Geschichten und damit die Wahrheit seiner Erlebnisse, wer sollte ihm ein Echtheitszertifikat jenes ›zauberhaften Zustands‹ ausstellen, wenn nicht Aeins? Bis zum Schlußdialog scheint es aber so, als sei Aeins lediglich ein Stichwortgeber für die Erzählungen Azweis, weist doch der Autor selbst darauf hin, daß Azweis Erzählungen eher einem »Selbstgespräch« glichen (ebd., S. 549). Doch seine eigentliche, konstitutive Bedeutung für *Die Amsel* erhält Aeins vom Schluß her und rechtfertigt damit den Hinweis des Erzählers der Rahmenerzählung, daß es in der Tat bedeutend sei, welche von beiden Figuren die drei Geschichten erzähle und damit auch erlebt habe, dies legitimiert Azweis »Einführung als Erzähler« (ebd., S. 549). Der Autor schreibt am Ende: »Hat sie noch oft gesprochen? – fragte Aeins listig« (ebd., S. 562). Die List der Frage besteht darin, die Unwahrheit der Erzählungen von Azwei zu erweisen, unwahr ist nicht, daß Azwei die Geschehnisse so erlebt hat, wie er sie beschreibt, sondern unwahr ist, daß sie intersubjektiv nachprüfbar sind. Es bleiben individuelle Wahrnehmungen und subjektive Deutungen von objektiven Sachverhalten, es gibt keine Multiplikation dieser Erlebnisse oder Zustände. »Aber du deutest doch an, – suchte sich Aeins vorsichtig zu vergewissern – daß dies alles einen Sinn gemeinsam hat? Du lieber Himmel, – widersprach Azwei – es hat sich eben alles so ereignet; und wenn ich den Sinn wüßte, so brauchte ich dir wohl nicht erst zu erzählen« (ebd.). Musil macht durch diese Schlußbemerkung Azweis zweierlei deutlich: Einmal haftet dem zeitgenössischen Erzählen kein Sinn mehr an; das bedeutet für die literaturwissenschaftliche Arbeit, daß traditionelle Instrumentarien des Textverstehens (wie sie z.B. die Hermeneutik bereithält), möglicherweise nicht mehr greifen. Zum anderen heißt dies, daß erst das Erzählen die Möglichkeit von Sinn produziert, damit wird die kulturelle Bedeutung von Literatur unterstrichen. Erst das Erzählen sichert möglichen Sinn. Zugleich aber ist in diesen Möglichkeits-Sinn die Polyvalenz modernen Erzählens eingeschrieben (vgl. dagegen Arntzen 1980, S. 147). Es gibt nicht mehr einen verbindlichen Text-Sinn und damit eine verbindliche Lesart, sondern lediglich Plausibilitätswerte für verschiedene, durchaus divergierende Deutungen.

7. Der Mann ohne Eigenschaften

Renate von Heydebrand spricht hinsichtlich der Musil-Forschung zutreffend von einem diskontinuierlichen Forschungsverlauf (1982, S. 11), bei dem die autorbezogene werkimmanente Interpretation eindeutig dominiert. Insofern ist ein großer Teil der Musil-Forschung ein in sich selbst leerlaufendes, selbstreproduktives System, das nur in Ausnahmefällen (z.B. Böhme 1974, Pott 1984) die Verbindung zu anderen methodischen Standards der Literaturwissenschaft (ver-)sucht oder das gar Fragen, welche den engen Horizont des Einzelwerks transzendieren, erörtert. Diese Feststellung gilt auch für Musils Roman *Der Mann ohne Eigenschaften*.

Der handschriftliche Nachlaß Musils, ca. 11 000 Blätter in teils bedenklichem Zustand (schlechte Papierqualität, Bleistiftaufzeichnungen, die mehr und mehr verblassen), liegt im Original in der Österreichischen Nationalbibliothek Wien. In Kopie ist er an der Arbeitsstelle für Robert Musil-Forschung der Universität Saarbrücken vorhanden. Die Transkriptionen der handschriftlichen Aufzeichnungen finden sich auf der CD-ROM-Edition des Rowohlt Verlags. Der Nachlaß ist in Mappen aufgeteilt, mit römischer Mappenzählung und arabischer Seitenzählung. Diese Paginierung, welche die Zusammenstellungen von Musil selbst und seiner Witwe Martha im wesentlichen übernahm, stammt von den ersten Nachlaßbearbeitern (Elisabeth Albertsen, Karl Corino, Ernst Kaiser und Eithne Wilkins) aus den Jahren 1965 bis 1967, als Musils Nachlaß noch von seinem Stiefsohn Gaetano Marcovaldi in Rom verwaltet wurde. In der Zwischenzeit ist diese Mappenzählung zu einem Gebrauchsstandard in der Musil-Forschung avanciert (lediglich in Frisés Edition wird dies ignoriert). Um ein Beispiel zu geben: Das als Motto diesem Buch vorangestellte Zitat von Musil (»Willst Du Musil? Musil-musil? Oder magst Du lieber Walzel..?«) findet sich in der Frisé-Edition im Band fünf, Seite 2127; im handschriftlichen Nachlaß in der Nachlaßmappe IV/2/510 und IV/2/507. Adolf Frisé hat in seiner Edition des *Mann ohne Eigenschaften* den Versuch unternommen, größtmögliche Transparenz im Hinblick auf Vorstufen einzelner Kapitel, einzelner Figuren und Themen und

Entwürfe zur möglichen Fortsetzung des Romans den Lesenden zu verschaffen. Dabei geht er in einer Art umgekehrter Chronologie vor, von 1942 bis zu den frühen zwanziger Jahren wird die Auswahl aus dem Nachlaßmaterial ausgebreitet (vgl. auch zur Übersicht über die gedruckten Teile des *Mann ohne Eigenschaften* aus dem Nachlaß die Synopse bei Arntzen 1982, S. 57 ff.). So problematisch ein solches Verfahren in editionsphilologischer Hinsicht sein mag, so hilfreich ist es für alle an Musils großem Roman Interessierten, verdeutlicht es doch, wie sich der Kosmos des Romans über die Jahre hinweg entwickelt. Diese Genealogie des Textes zu verfolgen und zu analysieren, wird auch künftige Generationen noch beschäftigen.

An der Tatsache, daß die Frage nach dem Entstehungsbeginn des *Mann ohne Eigenschaften* einen Meinungsstreit der Forschung berühre (vgl. Arntzen 1982, S. 30), hat sich bis heute nichts geändert. Um so mehr ist Helmut Arntzens integrierendem Phasenmodell (ebd., S. 31) zuzustimmen, da es die divergierenden Meinungen nicht ausschließt, sondern zusammenführt. Danach lassen sich folgende Entstehungsphasen des Romans benennen (zur ausführlichen Darstellung der Entstehungsgeschichte des MoE vgl. u.a. Müller 1979, Arntzen 1982, S. 30 ff., Frisé 1982):

Erste Phase – Der Beginn einer Vorphase des Romans läßt sich mit dem Ende der Niederschrift des *Törleß*, also ca. 1904/05, festmachen. Die Tagebuchaufzeichnungen unter dem Titel *Monsieur le vivisecteur* von ca. 1899 können nur bei sehr großzügigem Verständnis von intentionalen, thematischen, motivlichen und figurenbezogenen Parallelen hinzugerechnet werden. Neben dieser Vorphase zum Roman kann von einer Übergangsphase in der Zeit zwischen 1915 und 1918 gesprochen werden.

Zweite Phase – Ihr Beginn ist spätestens 1918 anzusetzen. Musil variiert hier verschiedene Titel und Inhalte, *Der Anarchist, Panama, Der Spion* und *Der Erlöser,* welche in die Roman-Vorstufe *Die Zwillingsschwester* münden und etwa ab 1927 als *Der Mann ohne Eigenschaften* fortgeführt werden. Im April 1928 erscheint dann das erste Kapitel aus dem *Mann ohne Eigenschaften* mit dem Titel *Kakanien* in *Der Tag.* Vom Januar 1929 datiert der Beginn der Reinschrift der letzten Fassung des ersten Buches des *Mann ohne Eigenschaften.* Die Fortsetzung des zweiten Buchs, die sog. Druckfahnen-Kapitel von 1938 (also jene Kapitel, die für den Druck bereits gesetzt waren, von Musil aber nochmals korrigiert, umgearbeitet und schließlich vom Druck zurückgezogen wurden) sollten den Roman aber noch nicht endgültig abschließen. Spätestens mit dem Erscheinen des ersten Bandes des *Mann ohne Eigenschaften* überschneiden sich Entstehungs- und Druckgeschichte. Durch die Veröffentlichung sind erschwerende Fakten für die inhaltliche und thematische Fortführung geschaffen. Im Oktober 1930 erscheint der erste Band des Romans, der aus dem ersten und zweiten Teil, erstes Buch besteht (Kap. 1–123). Im Dezember 1932 erscheint der zweite Band des *Mann ohne Eigenschaften*, der aus dem dritten Teil, zweites Buch besteht (Kap. 1–38). Die geplante Zwischenfortsetzung des zweiten Bandes kommt nicht mehr zustande. 1938 erscheint zu Lebzeiten Musils das letzte Kapitel aus dem Roman mit dem Titel *Mondstrahlen bei Tage* in der Zeitschrift *Maß und Wert*. Wurde Band 1 des Romans bei Erscheinen noch mit etwa 150 Rezensionen gewürdigt (vgl. Wieczorek-Mair 1980, S. 10) – was auch dem Umstand zu verdanken war, daß Musils 50. Geburtstag nur kurz zurücklag und der Roman im Weihnachtsgeschäft zusätzliche publizistische Aufmerksamkeit erfuhr –, so sind für den zweiten Band nur noch 75 Besprechungen nachzuweisen (vgl. ebd., S. 13). 1943 veröffentlicht Musils Witwe im Selbstverlag in Lausanne einen dritten Band zum *Mann ohne Eigenschaften*. Die Zusammenstellung der Kapitelfolge beruht auf jenen nachgelassenen Druckfahnenkapiteln und Entwürfen zu den Reinschriftkapiteln, an denen Musil bis zuletzt gearbeitet hatte. U.a. auf diesen Nachlaßband stützt sich die Neuausgabe des *Mann ohne Eigenschaften* durch Adolf Frisé von 1952, dem die Druckfahnenkapitel damals nicht vorgelegen haben (vgl. GW 5, S. 2049). Durch Wilhelm Bausingers *Studien zu einer historisch-kritischen Ausgabe von Robert Musils Roman »Der Mann ohne Eigenschaften«* (1964) wurde diese Ausgabe einer kritischen editionsphilologischen Diskussion unterzogen. Inzwischen ist diese erste Nachkriegsausgabe durch Frisés Neuausgabe von 1978 überholt.

Die editionsphilologische Verwirrung (vgl. Zeller 1982), welche nochmals die dringende Forderung nach einer wissenschaftlich zuverlässigen, wohl nur in Team-Arbeit zu bewerkstelligenden Ausgabe unterstreicht und die Kennzeichen der Musil-Philologie seit der ersten Nachkriegsausgabe geblieben ist, drückt sich nicht zuletzt auch in der Sonderausgabe von 1981 aus. Die Editionsangaben lesen sich, korrekt wiedergegeben, folgendermaßen: »Neu durchgesehene und verbesserte Ausgabe von 1978. Sonderausgabe. 1.–30. Tausend. August 1981«. Das würde bedeuten, daß der der Sonderausgabe zugrundeliegende Text identisch ist mit den Bänden 1 bis 5 der Ausgabe *Gesammelte Werke* von 1978. Im Band 2 der Sonderausgabe findet sich aber folgende Mitteilung des Herausgebers Adolf Frisé: »Diese Ausgabe [gemeint sind GW 1–5, M.L.] [...] wurde, in nunmehr zwei, wieder durchpaginierten, Bänden, nochmals sorgfältig durchgesehen; unbemerkt gebliebene wie neu unterlaufene Fehler wurden korrigiert, Hinweise und Informationen, wie sie sich unterdes ergaben, noch eingearbeitet« (MoE, S. 2157). Das bedeutet, will man wissenschaftlich, textkritisch exakt arbeiten, daß die Sonderausgabe von 1981 bzw. deren Nachauflagen als Textgrundlage heranzuziehen und der Ausgabe von 1978 vorzuziehen ist. Für den nicht-wissenschaftlichen Gebrauch sind die Unterschiede freilich marginal.

In einem Interview mit Oskar Maurus Fontana vom 30. April 1926 wird Musil nach seinem neuen Roman befragt, der damals noch *Die Zwillingsschwester* heißen sollte. Die Erzählachse stellt die sogenannte *Parallelaktion* dar, die Musil folgendermaßen erklärt: »Das Jahr 1918 hätte das 70jährige Regierungsjubiläum Franz Josef I. und das 35jährige Wilhelm II. gebracht. Aus diesem künftigen Zusammentreffen entwickelt sich ein Wettlauf der beiderseitigen Patrioten, die einander schlagen wollen und die Welt, und im Kladderadatsch von 1914 enden« (GW 7, S. 939). Musil schreibt jedoch keinen historischen Roman, er zentriert die Bedeutung der historischen Wirklichkeit auf einige wenige Figuren und reduziert den Handlungsstrang um die Parallelaktion darauf, daß eigentlich nichts geschieht, »eine Romanhandlung, die zusammengefaßt wiedergegeben [werden] könnte, gibt es nicht« (Pott 1984, S. 79). Dies bestätigt der Autor seinen Lesern bei der Beschreibung der ersten Sitzung der Parallelaktion, er gibt als Autor die »Versicherung [...], daß weder an dieser Stelle noch in der Folge der glaubwürdige Versuch unternommen werden wird, ein Historienbild zu malen und mit der Wirklichkeit in Wettbewerb zu treten« (MoE, S. 170). Dieser narrative Minimalismus bildet die Basis für Musils maximale Essayistik im Roman. Schon der zeitgenössische Interviewer Fontana befürchtete eine Dominanz des Reflexiven über das Erzählerische, und Musil nennt zwei Mittel, mit denen er dieser Gefahr begegnen wolle: Einmal mit einer ironischen

Grundhaltung, die also nicht bloß einzelne Figuren kennzeichnet, sondern auch Charakteristikum des Erzählers selbst
ist; zum anderen mit der »Herausarbeitung lebendiger Sze-
nen, phantastischer Leidenschaftlichkeit« (GW 7, S. 941). An-
spruchsvoll wie dieses Vorhaben ist auch Musils Funktionsbestimmung seines Romans innerhalb der zeitgenössischen
Gesellschaft und Literatur: »Ich möchte Beiträge zur geistigen
Bewältigung der Welt geben. Auch durch den Roman« (ebd.,
S. 942). Der Autor Musil intendiert also das, was sein Protagonist Ulrich als hoffnungslos zum Scheitern verurteilt bezeichnet: Es gibt keine Möglichkeit, die Wirklichkeit reflexiv,
durch die Kraft der Vernunft, zu ändern. Für das poetologische Programm Musils bedeutet dies, daß sein Interesse als
Autor ebensowenig der utopischen Lösung und der unmittelbaren Handlungsanweisung wie der stringenten Handlungs-
führung und der Lust an der Breite des Erzählens gilt. Musil
formuliert damit ein ambitioniertes Vorhaben, das in der Literatur des 20. Jahrhunderts seinesgleichen sucht, und jeder
Leser muß selbst entscheiden, ob er in dem Verzicht auf
epische Breite und der Dominanz der Reflexion Nachteil oder
Vorzug des Romans erblickt.

Die Aktualität von Robert Musils Roman *Der Mann ohne
Eigenschaften* ist ungebrochen, seine internationale ›Intertex-
tualisierbarkeit‹ inzwischen unbezweifelt. In Umberto Ecos
Buch *Das Foucaultsche Pendel* (dt. München, Wien 1989,
S. 484) findet sich eine feinsinnige Anspielung und ferne Antwort auf den Beginn von Musils Roman. Die Handlung spielt
in der österreichisch-ungarischen (= Kakanien) Metropole
Wien, ohne daß es sich bei diesem Roman um einen Großstadtroman handelt; die erzählte Zeit setzt im August 1913 ein
und endet, wenn man von der Fiktion eines abgeschlossenen
Romans ausgeht, im Frühsommer 1914. Schon im zweiten
Kapitel werden Haus und Wohnung des Mannes ohne Eigenschaften vorgestellt und damit der Romantitel erstmals direkt
aufgenommen. Erst im fünften Kapitel erfahren dann Titel
und Charakterisierung der Lebenssituation dieses Typus eine
Individualisierung, der Mann ohne Eigenschaften heißt Ulrich. Die Tatsache, daß er in einem modernisierten Lust-
schlößchen aus feudalaristokratischen Zeiten wohnt, unterstreicht die Bedeutung der Geistesaristokratie des Protagonisten, der es allerdings auch nicht nötig hatte, Geld zu
verdienen (vgl. MoE, S. 47). Nicht mehr die Macht eines
Adelsprivilegs sichert Ulrich Unabhängigkeit von und Distanz

zu seiner Umwelt, sondern die Macht des Wissens und der Reflexion. Der Autor läßt keinen Zweifel daran, daß Ulrich einsam ist, sich isoliert und alt fühlt (vgl. ebd., S. 490 u. 664). Der Urlaub vom Leben für ein Jahr, den Ulrich sich selbst zur Identitätsfindung zugesteht (vgl. ebd., S. 47), verstärkt diese Isolation zusätzlich.

Bevor Musil also nähere Angaben zu seiner Hauptfigur macht, schiebt er ein Kapitel ein, das von seiner Funktion und Intention her gesehen programmatisch ist. Die *Funktion* besteht darin, die sich bereits in den ersten drei Kapiteln abzeichnende epische Stringenz sofort zu durchbrechen, ein Erzählkontinuum nicht entstehen zu lassen. Die Kapitelnumerierung und die meist ironischen Kapitelüberschriften (vgl. Alt 1989, S. 174 f.) verhindern zudem dauerhaft Stringenz, es entsteht so kein Erzählfluß, kein lineares Erzählen. Zugleich ist dieses Kapitel, textsortenspezifisch betrachtet, ein essayistischer Einschub, ein strenger Gedankenführung und logischer Argumentation gehorchendes Reflexionskapitel, womit Musil eine Traditionslinie des Romans der Aufklärung fortführt (zu denken wäre beispielsweise an Wielands *Agathon* oder Fieldings *Tom Jones*). Die programmatische *Intention* dieses Kapitels ist eine reflexiv-poetologische, dies drückt sich bereits in der Kapitelüberschrift aus: »Wenn es Wirklichkeitssinn gibt, muß es auch Möglichkeitssinn geben« (MoE, S. 16). Mit ›Wirklichkeit‹ und ›Möglichkeit‹ ist vom Autor ein Begriffspaar eingeführt, das als Gravitationszentrum des Romans gelten kann, und der Mann ohne Eigenschaften Ulrich ist jener Mensch, der diesen Möglichkeitssinn sich selbst gegenüber als Lebensprinzip kultiviert hat. Ob es allerdings möglich ist, eine originäre Musilsche Philosophie der Möglichkeit resp. Wirklichkeit auf der Grundlage dieses Kapitels abzuleiten (vgl. Marschner 1981, Reis 1983, Luserke 1987b, Cellbrot 1988, Bohn 1988 u. a.), muß bezweifelt werden, doch bemüht sich nach wie vor ein Teil der Forschung darum, ein geschlossenes philosophisches System aus dem *Mann ohne Eigenschaften* zu rekonstruieren. Der Wert solcher Überlegungen muß jeweils an ihrer Brauchbarkeit für die Textdeutung gemessen werden, handelt es sich doch bei diesem Buch um einen – vom Autor selbst im Untertitel so genannten – *Roman*.

Das Spezifische des Möglichkeitssinns liegt darin, daß er das, was ist, nicht wichtiger nimmt, als das, was sein könnte. Ein Mensch mit Möglichkeitssinn wie Ulrich erfüllt damit als Lebensform die althergebrachte Aristotelische Funktionsbestimmung von Dichtung. Dies wird im Laufe des Romans vom Autor dann dahingehend präzisiert, daß Ulrich die Forderung erhebt, man solle die Wirklichkeit abschaffen und so leben wie die Gestalt in einem Buch (vgl. MoE, S. 592).

Zwar ist die zentrale Aussage dieses Kapitels in der formallogischen Schlußform einer Implikation (Wenn-Dann-Beziehung) formuliert (vgl. dazu Luserke 1987b, S. 112 ff.) und hebt dadurch nochmals den hohen Reflexionsanspruch ihres Autors hervor, doch sollte dabei nicht übersehen werden, daß in der Aufwertung der Bedeutung des Möglichkeitsbegriffs ein ›bewußter Utopismus‹ (vgl. MoE, S. 16) Musils liegt: Literatur, und nur Literatur, vermag das notwendig andere zur Wirklichkeit zu leisten. Vor dem Hintergrund der Tatsache, daß diese Funktion sich in der heutigen Medienlandschaft die Literatur mit Film und Fernsehen teilen muß, stellt Musils Roman einen letzten, großen Versuch dar, diesen konstruktiven Utopismus der Literatur zu sichern.

Was aber ist ein Mann ohne Eigenschaften? Der Begriff der Eigenschaftslosigkeit wird vom Autor selbst unmißverständlich aus der mystischen Tradition abgeleitet (vgl. Albertsen 1968, Heydebrand 1969, Goltschnigg 1973 u. 1974, Schmidt 1975). Während Schmidt besonders die begriffsgeschichtliche Herkunft von Musils Romantitel untersucht und die Bedeutung des Konzeptes der Eigenschaftslosigkeit als notwendiger Voraussetzung der unio mystica bei Meister Eckhart hervorhebt, untersucht Goltschnigg darüber hinaus die Bedeutung von Martin Bubers *Ekstatischen Konfessionen* für den Roman und Musils direkte und indirekte Anleihen (vgl. Goltschnigg 1974). Auch wäre im Umfeld der Titelkonstituierung des Romans für Musil an die Schillersche Formel des ›Mann ohne seinesgleichen‹ zu denken, die Musil nachweislich bekannt gewesen ist (vgl. Luserke 1987a, S. 59). Entscheidend für die Verlängerung historischer Traditionslinien in den Roman hinein ist aber, daß Musil eine Art säkularisierter Mystik bietet, die dem dialektischen Versuch folgt, das sprachlose Unmögliche in die Sprachform des Möglichen überzuführen. Damit wird nochmals deutlich, daß der Roman nicht von der Fülle epischer Handlungen und Wirklichkeitsbeschreibungen lebt, sondern ein einziges Diskursereignis darstellt; der Roman ruht in sich selbst, sein Strukturprinzip folgt einer Architektonik des Statischen. Allerdings darf die Hervorhebung der säkular-mystischen Seite des Romans, die vor allem im Hinblick auf die Geschwisterbegegnung dominant sein wird, nicht zu dem Urteil verleiten, daß Musil die Trivialitätsmystiker des frühen 20. Jahrhunderts affirmativ rezipiert (wie dies noch im Zusammenhang der *Törleß*-Niederschrift festzustellen war). Im Gegenteil, Musil distanziert sich im *Mann ohne Eigenschaften* deutlich von einem »Salonphilosophen« (MoE, S. 122) und »Eklektiker« (ebd., S. 804) wie Maeterlinck und dessen »gebatikte[r] Metaphysik« (ebd., S. 103). Zu fragen bleibt aber, was Musil durch das Konstrukt des anderen Zustands gewinnt und worin er über andere, konkurrierende mystische Diskussionsmodelle hinausgeht.

Ulrich ist ein »leidenschaftlicher Mensch« (ebd., S. 148), doch besteht seine Leidenschaft im Wissen (ebd., S. 214), sie ist negativ besetzt, ist eine Obsession, eine »Trunksucht am Tatsächlichen« (ebd.). Daraus entsteht ein elementares Erzählproblem, das Musil selbst benennt: »Es ist leider in der schönen Literatur nichts so schwer wiederzugeben wie ein denkender Mensch« (ebd., S. 111). Das Problem des Erzählers Musil besteht nun gerade darin, daß Ulrich ein nahezu ausschließlich denkender Mensch ist, und folglich fast ausschließlich Gespräche Ulrichs mit anderen Personen oder Gedanken Ulrichs wiedergegeben werden. Hinzu kommt ein weiteres Erzählproblem: Die Reflexionen Ulrichs finden oft ihre Fortsetzung oder Entsprechung in den essayistischen Einschüben oder werden vom Autor auf verschiedene Personen verteilt. Sicherlich vertritt Ulrich die Interessen des Autors im Roman (dies garantiert schon die Gewichtung als ›Titelheld‹), doch erschöpfen sich diese nicht in den Reflexionen seines Protagonisten.

Ulrich hat bereits drei Versuche unternommen, sich individuelle und soziale Eigenschaften zu erwerben, bevor er sich Urlaub vom Leben nimmt. Der erste Versuch bestand darin, eine Offizierslaufbahn bei der Kavallerie einzuschlagen, doch als Leutnant quittiert er bereits den Dienst. Darauf beginnt er eine Ausbildung als Techniker und bringt es – wie sein Autor – bis zum Ingenieur. Der dritte und wichtigste Versuch besteht darin, daß er eine wissenschaftliche Laufbahn als Mathematiker einschlägt: »Er gehörte zu jenen, Logistiker genannten, Mathematikern, die überhaupt nichts richtig fanden und eine neue Fundamentallehre aufbauten. Aber er hielt auch die Logik der Logistiker nicht für ganz richtig. Hätte er weitergearbeitet, er würde nochmals auf Aristoteles zurückgegriffen haben; er hatte darüber seine eigenen Ansichten« (ebd., S. 865). Ulrich ist bereits durch Fachabhandlungen hervorgetreten, gewinnt dann aber die Erkenntnis: »Man hat Wirklichkeit gewonnen und Traum verloren« (ebd., S. 39). Träume indes zeichnen das Möglichkeitsdenken aus, und so verzichtet Ulrich, da er Möglichkeiten gewinnen will, folgerichtig auf die Laufbahn als Wissenschaftler. Ulrich fühlt, man kann mit der »Kraft des Geistes« (ebd., S. 45), die er ausgebildet hat, »ein Erlöser der Welt werden oder ein Verbrecher« (ebd.). Noch glaubt er an die Möglichkeit, daß ein anderes Denken auch andere Menschen hervorbringt; bereits im Romananfang sensibilisiert der Autor die Leser für jene »Bruchstücke einer neuen Art zu denken wie zu fühlen« (ebd., S. 47), doch bleibt diese Leseverlockung ebenso Fragment wie der Roman selbst.

Zum engeren Personenkreis gehören auch die Jugendfreunde Ulrichs, Clarisse und Walter, die schon früh in den Text als eine von drei Figurengruppen eingeführt werden (zu den hier angeführten und nichtgenannten Figuren vgl. ausführlich und mit weiterführenden Literaturangaben Howald 1984, S. 193ff.). Während die Freunde begeisterte Klavierspieler sind, ist Ulrich nicht nur unmusikalisch, sondern hegt eine ausgesprochene Abneigung gegen Musik, doch verbindet Clarisse und Ulrich eine mehr oder minder profunde Nietzsche-Kenntnis (zur Bedeutung der Nietzsche-Rezeption im *Mann ohne Eigenschaften* vgl. u.a. ausführlich Dresler-Brumme 1987 u. Rzehak 1993). Walter ist es, der den Begriff des Mannes ohne Eigenschaften prägt, auf die Frage Clarisses, was das denn sei, antwortet er: »Nichts! Eben nichts ist das!« (MoE, S. 64), es sei der gegenwärtige Menschenschlag, obgleich solch einem Menschen jegliche Menscheneigenschaften mangelten. Walter dagegen ist ein Mann mit Eigenschaften (vgl. ebd., Kap. 17), er wünscht sich von Clarisse ein Kind, doch verweigert sich diese ihm sexuell und versucht statt dessen Ulrich, der nicht nur für Clarisse Objekt der Begierde ist, zu verführen, um von ihm den zukünftigen Erlöser zu empfangen (vgl. ebd., S. 657 u. 660). Diese etwas skurrile Konstellation erlaubt dem Autor, immer wieder das Verhältnis von Normalität und Wahnsinn, von Zurechnungsfähigkeit und Unzurechnungsfähigkeit zu diskutieren. Insbesondre die Virulenz des Themas der Unzurechnungsfähigkeit wird durch eine eigenständige Figur im Roman garantiert, den Frauenmörder Moosbrugger, der nicht nur die Sympathien Clarisses und Ulrichs genießt. Karl Corino hat auch für diese Figur ein historisches Modell benannt, den Zimmermann Christian

Voigt aus Oberfranken, der bereits psychiatrisch auffällig geworden und 1911 wegen der Ermordung einer Prostituierten angeklagt worden war (vgl. Corino 1984 u. 1988, S. 358).

»Wenn die Menschheit als Ganzes träumen könnte, müßte Moosbrugger entstehn« (MoE, S. 76), denkt Ulrich, als er über das Gerichtsverfahren gegen den Mörder Moosbrugger in der Zeitung liest. Dieser etwas kryptische Satz enthält die Überlegung, daß das Böse notwendigerweise zur Gesellschaft gehört, vor dem sich das Gute dann erst abheben kann, Moosbrugger ist »die wilde, eingesperrte Möglichkeit einer gefürchteten Handlung« (ebd., S. 534); doch wird Moosbrugger auch zum Gesprächsstoff der Kulturschickeria, die sich an dem Schicksal des Frauenmörders delektiert. Später heißt es sogar, daß *alle* Menschen von Moosbrugger gelockt würden (vgl. ebd., S. 652).

Den ersten Teil des ersten Buchs schließt ein Brief von Ulrichs Vater ab, worin er seinen Sohn bittet, in einem »vorbereitenden Komitee« (ebd., S. 79) für die Feierlichkeiten des 70jährigen Thronjubiläums des österreichischen Kaisers mitzuarbeiten. In diesem Brief wird auch die allerdings noch namenlose Schwester von Ulrich zweimal erwähnt, d.h. es zeichnet sich jetzt schon eine spätere Zusammenführung von den zwei getrennten Handlungssträngen um die Parallelaktion und um die Geschwisterbegegnung ab.

Dem zweiten Teil des ersten Buchs seines Romans gibt Musil die Überschrift »Seinesgleichen geschieht«, und das Geschehen der »Berichterstattung« (ebd., S. 537) – wie der Autor seinen Roman nennt – besteht darin, daß eigentlich nichts geschieht oder eben nur »seinesgleichen«. Graf Leinsdorf gilt als Erfinder und treibende Kraft der Parallelaktion, doch laufen die organisatorischen und ideologischen Fäden bei Ulrichs Kusine Hermine von Tuzzi zusammen, die Ulrich schlicht eine zweite Diotima nennt (vgl. ebd., S. 92). Die geistige Ambition Diotimas besteht darin, daß sie mit der Parallelaktion eine große Idee verwirklichen will und dafür auch die Zustimmung aller Teilnehmer ihres Salons erfährt. Doch bleibt diese große Idee zunächst aus; die Parallelaktion kreißt und gebiert einen Irrgarten verschiedenster Vorschläge, Interessen und Ideologeme. Um Diotima und ihren Salon ist ein zweites, großes Figurenensemble gruppiert: Neben Diotimas Mann, der Sektionschef im Außenministerium ist und die Aktivitäten seiner Frau mißtrauisch verfolgt, sind dies General Stumm von Bordwehr, welcher Diotima die große

Idee gerne zu Füßen legen möchte (vgl. ebd., S. 459), Rachel (Diotimas Dienstmädchen), Graf Leinsdorf, Dr. Paul Arnheim (dessen historisches Vorbild in Walter Rathenau zu sehen ist) und sein schwarzafrikanischer Bedienter Soliman sowie einige andere Figuren. Arnheim ist Vertreter des Großbürgertums und Großkapitals, Industriemagnat und als Preuße eigentlich nur Gast bei den Sitzungen der Parallelaktion. Das Ergebnis von Diotimas Suche nach einer großen Idee bestand nun darin, daß Arnheim, den sie zu lieben beginnt, die »geistige Leitung« (ebd., S. 110) der Parallelaktion übernehmen sollte. Eine dritte Figurengruppe besteht aus der Familie des Bankdirektors Leo Fischel, seiner Frau, Gerda Fischel (der Tochter), deren Freund Hans Sepp und seinem völkisch-nationalen, antisemitischen Freundeskreis, der in der Parallelaktion »den Ausbruch einer geistigen Vernichtung des deutschen Volks« (ebd., S. 478) und die politische Zukunft nur in einem »Anschluß an Deutschland« (ebd., S. 551) sieht. Durch Ulrich werden diese drei Figurengruppen miteinander in Berührung gebracht.

Die programmatische Grundlegung des Romans aus dem Kapitel 4 wird im Kapitel 61 fortgeführt; bereits der Titel signalisiert die Absicht des Autors: *»Das Ideal der drei Abhandlungen oder die Utopie des exakten Lebens«* (ebd., S. 244 ff.). In der Bestimmung, daß Utopien »ungefähr so viel wie Möglichkeiten« (ebd., S. 246) bedeuten würden, schafft Musil auch den terminologischen Anschluß an jenes Grundlegungskapitel.

»Darin, daß eine Möglichkeit nicht Wirklichkeit ist, drückt sich nichts anderes aus, als daß die Umstände, mit denen sie gegenwärtig verflochten ist, sie daran hindern, denn andernfalls wäre sie ja nur eine Unmöglichkeit; löst man sie nun aus ihrer Bindung und gewährt ihr Entwicklung, so entsteht Utopie. [...] Utopie bedeutet das Experiment, worin die mögliche Veränderung eines Elements und die Wirkungen beobachtet werden, die sie in jener zusammengesetzten Erscheinung hervorrufen würde, die wir Leben nennen« (ebd., S. 246).

Die *Utopie der Exaktheit* (über die Herkunft dieser Utopie aus der Philosophie Ernst Machs vgl. v. Heydebrand 1966, S. 48 ff. u. 57 ff.), der Ulrich huldigt und die eine von mehreren im Laufe des Romans entwickelten und diskutierten Utopien darstellt, überträgt das wissenschaftliche Postulat der Genauigkeit auf die Gefühle, es entsteht ein Leidenschaftskondensat, »etwas Urfeuerähnliches von Güte« (ebd., S. 247). Doch geht die Utopie der Exaktheit oder des exakten Lebens für sich genommen ins Leere, der ›exakte Mensch‹ ist auch für Musil kein erstrebenswertes anthropologisches Modell. Vielmehr belegt er diese Utopie mit einer Reihe von negativen Bestimmungen. Da ist die Rede vom »Mangel an Idealismus« (ebd., S. 304), von einer »Gesinnung auf Versuch und Widerruf« (ebd.), und schließlich wird diese Utopie als »keineswegs pflegend und befriedigend« (ebd.) bezeichnet. Denn Exaktheit beruht auf einem in Hörsälen erworbenen Wissen. Schon 1913 verwies Musil in seinem Essay *Der mathematische Mensch* auf den Menschentypus der Mathematiker als personifizierte Exaktheit und auf die »Vorbildlichkeit ihrer Existenz« (GW 8, S. 1007) und meinte, daß sie die Antizipation des geistigen Menschen der Zukunft darstellten. Nun ist auch Ulrich Mathematiker, ihn interessiert ausdrücklich das Verhältnis von Mathematik und Mystik (vgl. MoE, S. 770) und er hält auch einen Vortrag mit dem bezeichnenden Titel »Mathematik und Humanität« (ebd., S. 971). Doch scheitert diese Exaktheit, die gelernte Utopie als Modell, an ihrer Übertragung in ein lebenstaugliches Programm, sie scheitert »wegen ihrer unmittelbaren Übertragung in die Wirklichkeit« (ebd., S. 305): »Wollte sich aber jemand einfallen lassen, von so erworbener Gesinnung außerhalb der Grenzen besonderer Fachaufgaben Gebrauch zu machen, so würde ihm alsbald begreiflich gemacht werden, daß die Bedürfnisse des Lebens andere seien als die des Denkens« (ebd.). Darum findet diese Utopie ihre unmittelbare Fortsetzung in der *Utopie des Essayismus*, die sich nicht auf das verläßlich Kalkulierbare, sondern auf die Varianz von Handeln und Denken gründet, anstelle des exakten Menschen (vgl. ebd., S. 247) tritt nun der »potentielle Mensch« (ebd., S. 251). Die Utopie des Essayismus betrachtet die Gegenwart resp. die Wirklichkeit nur als Hypothese, die jederzeit geändert werden kann (vgl. ebd., S. 250). Insofern wird nun auch Ulrichs spätere Forderung, man solle die Wirklichkeit abschaffen, verständlich (vgl. ebd., S. 289 u. ö.): Ist die Wirklichkeit ein Text, so kann er stets anders gelesen werden. Diese unterschiedslose Fiktionalisierung von Leben und Literatur wird Ulrich schließlich zur Utopie des anderen Zustands führen, wobei offenbleibt, ob dies eine Flucht aus der sozialen Wirklichkeit oder ein utopisches Modell zu dieser darstellt.

Da es in der Parallelaktion, der »Enquete zur Fassung eines leitenden Beschlusses und Feststellung der Wünsche der beteiligten Kreise der Bevölkerung in bezug auf das Siebzigjährige Regierungsjubiläum Sr. Majestät« (ebd., S. 298) nicht vorangeht, wird ein »Ausschuß zur Fassung eines leitenden Beschlusses« (ebd.), von Sektionschef Tuzzi kurz Konzil genannt (vgl. ebd., S. 325), gebildet, dessen Leitung Diotima übernimmt. Doch auch dieses Konzil bringt die Parallelaktion nicht wesentlich voran. Und dennoch erreicht am Ende des ersten Buchs der Roman einen ersten Höhepunkt, freilich nicht auf der Handlungsebene. Zwar fordert Ulrich, der Sekretär der Parallelaktion, als Aufgabe für diese eine geistige Generalinventur, ein »Erdensekretariat der Genauigkeit und Seele« (ebd., S. 597). Doch hat dies zunächst keine Auswirkungen auf die Handlung, in die erst wieder Bewegung kommt, als bekannt wird, daß Arnheim, dem Ulrich mit offener Antipathie begegnet (vgl. ebd., S. 176f.), galizische Ölfelder unter die Kontrolle seines Konzerns bringen will und aus diesem Grund an der Parallelaktion teilnehmen soll (vgl. ebd., S. 616), was zu einem öffentlichen Protestmarsch führt. Denn mit dem Besitz dieser Ölfelder ist die Frage nach der militärisch-logistischen Versorgung der österreichischen Marine aufgeworfen. Der Mann ohne Eigenschaften resümiert aber auch seine eigene Lebensgeschichte, die der Roman als eigentliche Diskursgeschichte vorstellte: »Ulrich hatte das Gefühl, in dem Gassengewirr, durch das ihn seine Gedanken und Stimmungen so oft geführt hatten, jetzt auf dem Hauptplatz zu stehen, von dem alles ausläuft« (ebd., S. 582). Damit ist sowohl für den Protagonisten des Romans wie auch für die Lesenden die Prädisposition für die Begegnung mit Ulrichs Schwester Agathe geschaffen. Ulrich hat erkannt, daß er dieses Leben, wie er es bisher führte, nicht mehr mitmachen kann (vgl. ebd., S. 631). Und wenn er seine eigene Ansicht, daß die Wirklichkeit nur eine Hypothese oder ein Text sei, ernst nimmt, dann muß er sein Leben auch jederzeit ändern können. An diesem Punkt kommen Ulrichs Reflexionen und die Poetologie des Autors dicht zusammen. Das Gesetz des Lebens sei das der »erzählerischen Ordnung! Jener einfachen Ordnung, die darin besteht, daß man sagen kann: ›Als das geschehen war, hat sich jenes ereignet!‹« (ebd., S. 650), reflektiert Ulrich. Ihm ist dieses »primitiv Epische« (ebd.) verlorengegangen, die Ordnung ist gestört, d.h. es läßt sich auch nicht mehr erzählen, und was sich ereignet, ist keine Erzählung, sondern sind allenfalls Erzählfragmente. Was Ulrich selbst noch leisten kann, Geschichten wie Homer zu erzählen, so nannte es Hans Sepp (vgl. ebd., S. 550), ist seinem eigenen

Leben abhanden gekommen. Wenn Leben Literatur ist, dann lebt Ulrich nicht mehr, sondern literarisiert, diskursiviert nur noch. Ulrich ist zur Diskursmaschine geworden. Ulf Eisele nennt Ulrich deshalb ein »Diskursproblem« (1982, S. 168), das Personal des Romans bestehe weitgehend aus »Diskursmenschen« (ebd.). Peyret spricht vom *Mann ohne Eigenschaften* als von einer »Foltermaschine« (1980, S. 31) und meint damit die Lektüre, gar von »Leseselbstmord« (ebd.) ist die Rede. Und Peter Handke hält das Romanprojekt *Mann ohne Eigenschaften* für »ein bis in die einzelnen Sätze größenwahnsinniges und unerträglich meinungsverliebtes Werk« (Die Zeit v. 3.3. 1989, S. 77). Walter Moser meint, daß die Dynamik des Essayistisch-Reflexiven im Roman eine fatale Wirkung habe: »Die Pfeiler der narrativen Konstruktion versinken allmählich im Treibsand des Essays« (1980, S. 176). Das Romaneschreiben verlöre seine mimetische Funktion, nicht mehr um Abbildungsleistungen, gleich welchen Maßstabs, von Welt, Leben oder Gesellschaft ginge es im *Mann ohne Eigenschaften*, sondern vielmehr um das »Ausprobieren der verschiedensten Diskursarten in einem versuchsweise angeordneten Zusammen- und Durcheinanderwirken« (ebd., S. 178). Und der Leser, bleibt er auf der Strecke? Der Roman sei, so Moser weiter, »zum textuellen Ort einer Erprobung der Diskursarten und ihrer gegenseitigen Beziehungen geworden« (ebd., S. 187), Figuren wie Ulrich, Arnheim, Moosbrugger oder General Stumm von Bordwehr erschienen lediglich nur noch »als Knotenpunkt und als Handlungsträger eines interdiskursiven Experimentierens« (ebd.). Der *Mann ohne Eigenschaften* sei eine »Diskurs-Enzyklopädie« (ebd., S. 188). Anders dagegen Peter C. Pfeiffer, er deutet die »Tatsache, daß im 2. Teil des Romans die essayistischen Einschübe fehlen« (Pfeiffer 1990, S. 55) als Musils Hinwendung zu einer aphoristischen Schreibweise im Roman. Sie sei seine ästhetische Reaktion auf den Nationalsozialismus.

Der dritte Teil (= zweites Buch) des Romans ist überschrieben mit dem Titel »Ins Tausendjährige Reich (Die Verbrecher)« (MoE, S. 669) und nennt damit bereits zwei Problembereiche, um die sich nahezu alle Gespräche von Ulrich und Agathe zentrieren: Das Tausendjährige Reich als den begriffsgeschichtlich ausgewiesenen Projektionsraum mystischer Dauer (vgl. ebd., S. 801) und die Moral des anderen. Wenn das gewöhnliche Leben ein »Mittelzustand aus allen uns möglichen Verbrechen« (ebd., S. 474) ist, wie Ulrich gegenüber Diotima äußerte, dann erhebt sich die Frage, welcher moralischen Beurteilung das andere Verhalten, das andere Denken und das andere Fühlen, kurz das Konglomerat des anderen Zustands unterworfen sind?

Bereits das erste Kapitel führt die vergessene Schwester in den Roman ein, die, früh verwitwet, zum zweiten Mal verheiratet ist. Beide Geschwister treffen sich im Sterbehaus ihres Vaters. Als sie sich erstmals begegnen, haben beide einen pyjamaartigen Hausanzug an, und diese »geheime Anordnung des Zufalls« (ebd., S. 676) verleitet Agathe zu der Bemerkung: »Ich habe nicht gewußt, daß wir Zwillinge sind!« (ebd.). Agathe eröffnet ihrem Bruder gleich in diesem Gespräch, daß sie nicht mehr zu ihrem Mann, dem Pädagogen Gottlieb Hagauer, zurückkehren werde. Für die weitere Romanhandlung ist damit gewissermaßen der dramatische Knoten geschürzt: Die Trennung von Hagauer hat eine Testamentsfälschung und Agathes Umzug in Ulrichs Wohnung zur Folge. Damit eröffnet sich für den Autor eine breitangelegte und in stets neuen Anläufen versuchte Diskussion von moralischer Norm und deren Abweichungen, von subjektivem Willen und objektivem Verbrechen, und er schickt dem späteren Themenkomplex der Geschwisterliebe eine moralisch-juristische Erörterung dieser Einzelhandlungen voraus. Die Hinwendung Agathes zu Ulrich ist aber nicht Akt eines emanzipatorischen Bewußtseins (»Agathe verabscheute die weibliche Emanzipation«, ebd., S. 727) oder Attribut einer femme fatale, vielmehr situiert der Autor das Interesse der Geschwister aneinander von Beginn an in einer sexuellen Anziehung, genauer im hermaphroditischen Erscheinungsbild der Schwester (vgl. ebd., S. 686). Der diskursive Überbau, den sich die Geschwister in den nun folgenden Gesprächen schaffen, ist erst das Ergebnis dieser Anziehung (zur genauen Rekonstruktion der Genese des anderen Zustands im Roman vgl. Brosthaus 1965). Die kleine Episode, in der Agathe dem aufgebahrten Leichnam ihres Vaters ihr Strumpfband in die Tasche schiebt (vgl. MoE, S. 707), enthält ein doppeltes Signal: Einmal dem toten Vater gegenüber, nun endlich ihre (sexuelle) Autonomie gefunden zu haben (Agathe hatte gegen ihren Willen Hagauer heiraten müssen), zum anderen ihrem Bruder gegenüber, indem sie den zivilisatorischen Verhaltensstandard der Schamhaftigkeit ausdrücklich negiert und dadurch Intimität potenziert. Spätestens nach dieser Handlung Agathes ist es Ulrich bewußt, daß gesellschaftliche Normen moralischer oder juristischer Verbindlichkeit nicht ausreichend sind, die Geschwister auf ihrer »Reise an den Rand des Unmöglichen« (ebd., S. 761) aufzuhalten.

Ulrich sieht in seiner Schwester eine »traumhafte Wiederholung und Veränderung seiner selbst« (ebd., S. 694), an anderer Stelle ist die Rede davon, daß Agathe Ulrichs Eigenliebe sei (vgl. ebd., S. 899). Sicherlich drückt sich darin auch eine deutlich narzißtische Seite Ulrichs aus (vgl. Laermann 1970, S. 142 f.), doch ist die Bedeutung der funktionsanalytischen Minimierung der Frau-Schwester mindestens ebenso wichtig: Agathe ist die real gewordene Männerphantasie Ulrichs, Agathe dient der diskursiven und psychischen Selbstbespiegelung Ulrichs.

Die »heilige[n] Gespräche« (MoE, S. 746) – so lautet die Überschrift von Kapitel 11 – zwischen den Geschwistern nehmen ihren Ausgangspunkt in der Lektüre verschiedener Mystikertexte. Doch sind Ulrich und Agathe keine Gottessucher, ein religiöses Motiv in ihren Gesprächen zu mutmaßen, wäre ein krasses Mißverständnis. Ulrichs Auskunft, daß er sich über die Wege des heiligen Lebens unterrichte (vgl. ebd., S. 750), bedeutet nicht, daß er eine religiöse Wende vollzogen hat. Ulrich und Agathe gehen diesen Weg, »ohne fromm zu sein, ohne an Gott oder Seele, ja ohne auch nur an ein Jenseits und Nocheinmal zu glauben; sie waren als Menschen dieser Welt auf ihn geraten und gingen ihn als solche: und gerade das war das Beachtenswerte« (ebd., S. 761). Das Gedanken- und Lebensexperiment der Geschwister besteht darin, einen der unio mystica vergleichbaren Zustand zu schaffen und ihn dauerhaft zu sichern, eben den »anderen Zustand« (ebd., S. 755). Doch wie ist dieser Zustand zu erreichen? Ulrich weiß, daß ihn die Diskursmaschine lediglich in die Lage versetzt, viel davon *reden* zu können (vgl. ebd., S. 754), »meine Natur ist als eine Maschine angelegt, [...]! Ich will einmal anders *sein*!« (ebd., S. 891, Hervorhebung M.L.), und selbst die Liebe ist für ihn eine »Übereinstimmungsmaschine« (ebd., S. 1108). Musil schwebte eine Art »Mystik ohne Okkultismus« (ebd., S. 1839) vor, und in selten deutlicher Leseranrede, aber mit entschiedener Sympathie für sein Modell des anderen Zustands warnt er die Leser: »Aber wer das, was zwischen diesen Geschwistern vorging, nicht schon an Spuren erkannt hat, lege den Bericht fort, denn es wird darin ein Abenteuer beschrieben, das er niemals wird billigen können: eine Reise an den Rand des Möglichen, die an den

Gefahren des Unmöglichen und Unnatürlichen, ja des Abstoßenden vorbei, und vielleicht nicht immer vorbei führte« (ebd., S. 761). Damit weist er unmißverständlich auf das Inzestmotiv seiner Diskursgeschichte des anderen Zustands hin. Mit der zunehmenden Diskursivierung der Liebe durch die Geschwister ist deren Rückzug aus ihrer Umwelt verbunden. Für Ulrich bedeutet dieser Rückzug nicht Weltflucht, sondern eine Protesthaltung (vgl. ebd., 939 u. 943) zur »bürgerliche[n] Kultur«, die »jenen anderen Zustand auf den Hund gebracht [hat], der Erkenntnisse apportiert« (ebd., S. 766), Liebe aber liquidiert. ›Objektiv‹, d.h. vom Standpunkt der Sozialität her gesehen, bedeutet dieser Rückzug in letzter Konsequenz aber doch eine soziale Deprivation (vgl. Böhme 1974, S. 356ff.). Das von den Geschwistern diagnostizierte Entgrenzungsgefühl (vgl. ebd., S. 765) wird von ihnen als ein gemeinsames Merkmal von Mystik und Liebe definiert (zur Sprache der Liebe im *Mann ohne Eigenschaften* vgl. Pekar 1989, S. 170ff.). Plötzlich haben sie diskursiv das eingeholt, was sich körperlich seit längerem abzeichnete: Ulrich und Agathe lieben sich. In einer Nachlaßnotiz über Agathe bemerkt Musil: »Nun denkt sie angestrengt nach; das Ergebnis heißt wohl: ich muß handeln, uzw. (Glanz aus Brüsten): sex. handeln« (MoE, S. 1912). Und Agathe ist es auch, die sich darin Ulrich überlegen fühlt, geheime und unerlaubte Wege zu gehen (vgl. ebd., S. 771 u. 862). Gleichwohl bleibt den Geschwistern bewußt, daß die Möglichkeit eines Scheiterns des anderen Zustands größer ist als die Wahrscheinlichkeit seiner dauerhaften Sicherung; denn Liebe bleibt ein Ausnahmefall und ist kein praktikables Alltagsmuster (vgl. ebd., S. 941), die Liebe ist »die große Anti-Realität« (ebd., S. 1319). Renate v. Heydebrand hat die Flucht ins Zitat als hervorstechendes Merkmal der Beschreibungsversuche des anderen Zustands im Roman bezeichnet (1969, S. 96). In ihrer Untersuchung über die Reflexionen Ulrichs im *Mann ohne Eigenschaften* findet sich auch eine distinkte, ausführliche Beschreibung des anderen Zustands (vgl. ebd., S. 95–171), als dessen wesentliche Kennzeichen sie folgende sechs ›Andersheiten‹ nennt: 1.) andere Wahrnehmung, 2.) anderes Denken, 3.) andere Wirklichkeit oder zweite Wirklichkeit, 4.) andere Gefühle, 5.) anderes Lieben als Fernliebe (dauerhafte Ekstase), 6.) anderes Lieben als Selbstliebe. Martin Menges betont, daß es dem mystischen Programm des anderen Zustands gerade nicht auf ein pragmatisch brauchbares Wissen ankomme, »sondern auf um alle

Anwendbarkeit unbekümmerte, absolute und nicht mehr bezweifelbare Gewißheit. Und eine solche Gewißheit muß sich in der Tat der sprachlichen Kodifizierung widersetzen« (Menges 1982, S. 60), da es keinen Zweifel dulde, Sprache aber auch der Ort des Zweifelns sei. Sprachlosigkeit erweise sich somit nicht nur als Schwäche des mystischen Wissens, sondern auch als seine Stärke. Nur – wie ist dies sprachlich außerhalb des Beschreibungs- und Metaphernhorizonts der Geschwister den Lesenden zu vermitteln? Diese Aporie hält der Roman dauerhaft aufrecht.

Die Parole der Tat, die inzwischen von der Parallelaktion ausgegeben worden ist – daß also etwas geschehen müsse, gleichgültig was – und die in Deckung mit dem historischen Realgeschehen unmittelbar in den Krieg mündet, verleiht dem Erzählverlauf zunächst einen kleinen Schub, wobei Ulrich das wirkliche Geschehen gleichgültig bleibt, »er kämpfte um seine Seligkeit« (MoE, S. 1038). Die Stagnation der in sich selbst kreisenden Geschwistergespräche wird kurzzeitig unterbrochen, die gesprächsweise Suche nach dem anderen Zustand wird durch den bekundeten Aktivismus der Parallelaktion sowie durch Clarisses Entschlossenheit, endlich Moosbrugger in der Irrenanstalt besuchen zu dürfen, selbst vor die Notwendigkeit einer eigenen ›Tatparole‹ gestellt. Zugleich gibt Ulrich aber bekannt, daß er sich aus der Parallelaktion zurückziehen und sein Amt als Sekretär niederlegen werde. Die Parallelaktion ist für ihn zu einer jener gesellschaftlichen Repressionsinstanzen geworden, welche die Suche nach dem anderen Zustand und dessen dauerhafte Sicherung verhindern.

Auch die urspünglich vaterländischen Intentionen Diotimas haben während der Abwesenheit Ulrichs eine radikale Kehrtwendung erfahren. Diotima hat sich einer sexualwissenschaftlichen und liebestheoretischen Lektüre, als einer Folge der enttäuschten Liebesbeziehung zu Arnheim, zugewandt (möglicherweise wurde Musil von dem 1930 in Jena anonym erschienenen Buch *Diotima, Schule der Liebe* angeregt) und wird damit zur Kontrastfigur zu Ulrichs und Agathes Liebesgesprächen. Doch im Gegensatz zu der eher an sexual- und psychotechnischen Fragen interessierten Diotima kämpfen Ulrich und Agathe bereits mit einer Utopie. Musil spricht nicht nur in den Nachlaßmanuskripten von der Utopie des anderen Zustands, sondern weist bereits zum Ende des zweiten Buches die Lebenssituation der Geschwister als Utopia aus: »Ein tiefer Graben unweltlicher Herkunft schien sie und ihn in ein Nirgendland einzuschließen« (MoE, S. 1025). Dieser Graben kann zweierlei bedeuten, er kann die Geschwister bei ihrem Utopieexperiment vor außerweltlichen Störungen schützen, er kann aber auch das Liebespaar so einschließen, daß sie zu Gefangenen ihrer eigenen Sehnsucht werden. In der Insularisierung des anderen Zustands steckt gleichermaßen Fluch wie Heil. Auf der letzten Sitzung der Parallelaktion, zu der Ulrich Agathe mitgenommen hat, wird dieses Utopia als Fluchtpunkt von Ulrichs Reflexionen über die Bedeutung der Moral vom Autor deutlich herausgestellt, Agathe sagt sogar gegenüber General Stumm von Bordwehr, ihr Bruder spreche nur noch von Moral (vgl. ebd., S. 1030). Der Autor markiert damit die Ablösung von einer bisherigen Utopie durch die, noch mit Hoffnungen besetzte, zukünftige Utopie, es geht um den Wechsel von der Utopie der induktiven Gesinnung zur Utopie des anderen Lebens in Liebe oder der Utopie des anderen Zustands.

Auf einem Nachlaßblatt zum Thema ›Moral und Krieg‹ findet sich folgende Formulierung: »*Ein Hauptthema* fürs Ganze ist also: Auseinandersetzung des Möglichkeitsmenschen mit der Wirklichkeit. *Sie ergibt 3 Utopien*: Die Utopie der induktiven Gesinnung. Die Utopie des anderen (nicht ratioïden, motivierten usw) Lebens in Liebe. Auch Utopie des Ess.[ayismus] II. Die Utopie des reinen a[nderen] Z.[ustands]« (ebd., S. 1881 f.). Was aber ist mit der Utopie der induktiven Gesinnung gemeint, die als solche expressis verbis in den zu Lebzeiten des Autors veröffentlichten Teilen des Romans gar nicht genannt wird? Die Utopie der induktiven Gesinnung ist ausschließlich auf die Moral gerichtet, sie begreift moralische Werte und Normen nicht als irreversible Größen, sondern lediglich als variable »Funktionsbegriffe« (ebd., S. 748). Dieser moralische Funktionalismus entzieht sich dem Zugriff normativer Universalien, die unverändert zeitlos Gültigkeit haben, statt dessen propagiert er eine »›Moral des nächsten Schritts‹« (ebd., S. 740). Das bedeutet: Als moralisch gut oder schlecht kann eine Handlung oder ein Verhalten immer erst dann beurteilt werden, wenn die darauffolgende nächste Handlung bereits vollzogen und die Folge abzusehen ist, und dies ad infinitum (vgl. ebd., S. 735). Der Moral hat, so reflektiert Ulrich, bislang diese »›induktive Gesinnung‹« (ebd., S. 873, ähnlich auch S. 636) gefehlt, die herkömmliche Moral ist die des deduktiven Verhaltens. Wenn

Musil nun im Kapitel 38 schreibt, für Ulrich sei Moral »das unendliche Ganze der Möglichkeiten zu leben«, sie sei »Phantasie« (ebd., S. 1028), so bedeutet dies die uneingeschränkte und konsequente Umkehrung herrschender Moralvorstellungen und bereitet damit die ›Amoralität‹ des anderen Zustands vor. Denn ein Zustand bedarf nicht mehr des Wegs oder der Bewegung, wenn Moral an Progreß gebunden ist, so ist der andere Zustand moral-frei. Musil bringt dies auf die prägnante Formel: »Der a[ndere] Z.[ustand] braucht keine Moral, er ist die Moral selbst« (ebd., S. 1282). Unter dem Datum 20.1. 1936 notiert Musil dann aber:

»*Krisis u Entscheidung*: Die Utopien sind zu keinem praktikablen Ergebnis gekommen.

Der aZ. gibt keine Vorschriften für das praktische Erleben« (ebd., S. 1905). Auch diese Utopie ist gescheitert.

In einer resümierenden Überlegung zur Fortsetzung des Bandes aus den späten dreißiger Jahren notiert Musil, Agathe und Ulrich seien »2 extreme Möglichkeiten der Leidenschaft« (ebd., S. 1911). Trifft diese Charakterisierung auf Ulrichs Denk- und Reflexionsleidenschaft durchaus zu, so scheint dies für Agathe weniger zu gelten. Sie wird zwar durchaus als denk- und handlungsautonome Frau in den Roman eingeführt, gewinnt Ulrich gegenüber aber immer mehr an Bedeutung als Stichwortgeberin für dessen Diskursbereitschaft. Darin drückt sich aber ein grundsätzliches Problem der Geschwisterbeziehung bzw. des anderen Zustands aus: »was [...] die Geschwister bewog, sich Gesprächen zu überlassen, und ihnen zuweilen wie eine Verzauberung erschien, war in erster Linie die Unwissenheit, wie sie handeln könnten« (ebd., S. 1220). Der »Leiblichkeit des Gesprächs« (ebd., S. 1090) über den anderen Zustand fehlt das Gespräch über dessen Leiblichkeit. Ulrich weiß, daß er sich in einer diskursiven Festung, in einem »Gedankenbollwerk« (ebd., S. 1038) gegen Agathe verschanzt hat. Die Schwester-Frau ist für ihn Bedrohung und Verlockung, er hat sie als diejenige Frau phantasiert, welcher es gelänge, die entscheidende Stelle zu finden und die Festung zu sprengen, Ulrich phantasiert in der aufgeklärten Zivilisationsmetapher des Dammbruchs den Tod der Vernunft durch die Leidenschaften, damit »alles von Gefühl überflutet« (ebd.) würde. Der Möglichkeitssinn scheint angesichts seiner konkreten Realisierungsmöglichkeiten dann aber zu versagen, das Reden über das andere wird zu einem großen diskursiven Selbstverweisungssystem. Diese Schwierigkeiten hat der Autor durchaus erkannt, um eine Lösung indes vergeblich gerungen:

»Der Hauptfehler lag in der Überschätzung der Theorie. Diese hat sich als unergiebig und nicht tragfähig heraus gestellt; jedenfalls ist sie weniger bedeutend, als es vor der Ausführung geschienen hat. Das ist mir schon längere Zeit bewußt, aber nun muß auch die Konsequenz daraus gezogen werden.
Die Konsequenz: Identifiziere dich nicht mit der Theorie, sondern stelle dich gegen sie realistisch (erzählend) ein. Lasse sie entstehen u[nd] auf U.[lrich] wirken u[nd] erzähle auf Grund dieser Voraussetzung. Blicke aber immer auf das Geschehen u.[nd] habe nicht den Ehrgeiz einer völligen neuen theoretischen Erkenntnis (deren Mohamed du dann ja sein müßtest!)
Gib nicht dem Unmöglichen eine Theorie, aber lass' sie in Stücken einfallen« (ebd., S. 1910).

Robert Musils Roman ist Fragment geblieben. Im November 1937 beginnt der Verlag zwar mit dem Satz der Zwischenfortsetzung des zweiten Buchs, doch bedeuten Musils Korrekturen der Druckfahnen eine weitverzweigte Umarbeitung, der Autor ist unzufrieden und zieht die Fortsetzungskapitel wieder zurück. Diese sog. Druckfahnenkapitel sind in der jüngsten Edition des Romans auf den Seiten 1045 bis 1203 abgedruckt, und der Streit der Editoren und Interpretatoren kreist um die Frage, inwiefern diese Kapitel sowie die nachfolgenden sechs Kapitelentwürfe in korrigierter Reinschrift, die sog. Varianten zu den Druckfahnenkapiteln (vgl. ebd., S. 1204–1271), an denen Musil bis zu seinem Tod gearbeitet hatte, als autorisierte Fortsetzung des Romans gelesen werden können oder nur ein mögliches, keineswegs aber verbindliches Konvolut von Lesarten zur Fortsetzung vorstellen. Zumal bei einem solch skrupulös arbeitenden Schriftsteller wie Musil ist dies besonders prekär, da viele Fragen unbeantwortet, viele inhaltliche Probleme der Figuren- und Themenführung ungelöst bleiben. Kaum erwähnen muß man, daß Spekulationen über den Fortgang des Romans sehr schnell an die Frage rühren, ob Musil mit seinem Romanprojekt insgesamt gescheitert, ob der Roman sogar von vornherein unvollendbar gewesen sei. So wichtig manche Forscher diese Frage nehmen, so unsinnig ist es, dagegen im Ton Karl Dinklages zu polemisieren: »Wenn es aber Musilinterpreten gibt, die glauben behaupten zu dürfen, Musil sei mit seinem ›Mann ohne Eigenschaften‹ gescheitert, so haben wir dieser von oberflächlichen Schreiberlingen leichthin ausgestoßenen Blasphemie die Umstände entgegengehalten, die den Dichter zwangen, seinen Roman mit der handschriftlichen Reinschrift des ›Atemzüge‹-Kapitels in einer den ›Schwärmern‹ als Vorstufe kongenialen Weise zu vollenden, ja, zu vollenden, wenn auch unter Verzicht auf vieles, was noch hätte hineinkommen sollen« (Dinklage 1985, S. 236). Dazu macht Dinklage noch folgende Anmerkung: »Die von nicht wenigen Musil-Interpreten beliebte Äußerung, der ›Mann ohne Eigenschaften‹ sei unvollendbar, wird durch Robert Musil selbst Lügen gestraft« (ebd., Anm. 11). Eine ernsthafte und ernstzunehmende Literaturwissenschaft bedarf dieses Autoritätsgebarens nicht. Hans-Joachim Völse vermerkt lakonisch, der Roman sei unabschließbar (vgl. 1990, S. 231). Mit solchen Urteilen ist heute wenig mehr gewonnen als vor vierzig Jahren. Hans-Georg Pott sprach 1984 vom endlosen Text, wie er den *Mann ohne Eigenschaften* nannte, der Roman franse zum Ende förmlich aus und dies sei in Frisés Edition auch einzig angemessen wiedergegeben (vgl. Pott 1984, S. 162). Doch muß, um die Bedeutung des Endes bzw. des fehlenden Endes so herausstellen zu können, das Sinnzentrum des epischen Modells in dessen Ende verlegt werden (vgl. ebd.), was keineswegs zwingend ist. Liegt beispielsweise in Joyce *Ulysses* das Sinnzentrum des gesamten Textes in Mollys Schlußmonolog? Doch führt Potts Formel des endlosen Textes möglicherweise weiter zu einer behelfsmäßigen integrativen Formulierung: Die Rede vom unabschließbaren Abschluß und dem endlosen Text, der Textschleife, kann überführt werden in die Rede vom textlosen Ende, vom Verschwinden des Textes im Text. Gerhard Meisel sieht im Roman einen deutlichen Wechsel von der psychologischen Betrachtungsweise hin zu einer naturwissenschaftlichen Analyse (Meisel 1991, S. 249). U. a. daran macht er die Berechtigung für eine mathematische Berechnung des Romanendes fest (vgl. ebd., S. 283 ff.). So originell diese informationstheoretischen Überlegungen, die auf mathematische Formeln ebenso zurückgreifen wie auf Max Benses Ästhetik, über ›das Ende‹ des Romans sind, so deutlich stellen sie eines, freilich in einem ungleich elaborierteren Code, vor Augen: daß wir alle mit ›dem Ende‹ nicht leben können, daß es ein Stachel im Fleisch der Lesenden bleibt. Und das könnte immer wieder von neuem dazu provozieren, über den Roman, über den Autor und sein Werk, über Literatur nachzudenken. Und ist das der schlechteste aller Fälle? *Der Mann ohne Eigenschaften* ist zu einer gigantischen Projektionsfläche der Reflexionskünste seiner Interpreten geworden. Bleibt zu hoffen, daß er Leserinnen und Leser auch wieder außerhalb akademischer Verwertungszwänge findet.

Der Mann ohne Eigenschaften ist unvollendet, dies ist eine Tatsache; ebenso ist das Modell ›anderer Zustand‹ gescheitert. Ob der Roman freilich unvollendbar sei, das auszutragen möge weiterhin den Knappen des Meinungsstreits vorbehalten bleiben.

Wie dem jungen Törleß vom Mathematiklehrer eine Überschätzung des ›subjektiven Faktors‹ vorgeworfen worden war, so wird im *Mann ohne Eigenschaften* Ulrichs Schwester Agathe von dem Gymnasiallehrer Lindner, den Agathe kennen- und schätzengelernt hat, die mangelnde Bändigung ihrer »Subjektivität« (MoE, S. 1080) entgegengehalten. Doch würde sie sich an seinen Rat, in die »Schule der Wirklichkeit« (ebd.) zu gehen, halten, wäre es ihr unmöglich, das »›Unmögliche‹« (ebd., S. 1081) tatsächlich zu erleben. Anders formuliert bedeutet dies: Die Unmöglichkeit des anderen Zustands läßt sich nur durch den Verzicht auf Wirklichkeit und durch ein Höchstmaß an Subjektivität verwirklichen.

Erst die Erfüllung dieser Vorbedingungen ermöglicht es den Geschwistern, den anderen Zustand gemeinsam zu erleben (vgl. ebd., S. 1083). Hier erfüllt sich dann auch die Funktion des Berichterstatters (zum Roman als Bericht s.o.): Da es Ulrich und Agathe in diesem Zustand nicht möglich ist, zu »erzählen« (ebd., S. 1083), was vor sich geht, übernimmt der Autor diese Funktion und widerlegt damit vordergründig die Ansicht, daß dieser Zustand nicht beschreibbar sei. Doch bleiben auch seine Beschreibungsversuche vage. Obwohl das Begehren die sexuelle Vereinigung in der Phantasie bereits vorweggenommen und vollzogen hat, empfinden die Geschwister ein noch stärkeres Verlangen, das sie den realen Vollzug des Inzests noch vermeiden läßt, sie sind »die Ungetrennten und Nichtvereinten« (ebd., S. 1104), oder, wie Musil nach 1938 in einem der Versuche zur Fortsetzung der Druckfahnenkapitel schreibt: »Wahrsch. Coit. voraussetzen, aber, als natürlich, darüber schweigen« (ebd., S. 1282). Es bleibt aber unklar, was dieses höhere Gebot und die höhere Ahnung, die stärker als das Begehren sind, genau bedeuten (vgl. ebd., S. 1083). Zugleich manövriert sich der Autor in ein elementares Schreib- und Rezeptionsproblem. Wenn er Ulrich sagen läßt: »So zu sein, es ist der einzige Zugang zum Wissen dessen, was vor sich geht« (ebd., S. 1084), dann bedeutet dies

– ernst genommen –, 1) daß der Autor selbst in diesem anderen Zustand *sein* muß (es genügt also nicht nur die Kenntnis des anderen Zustands), wenn er davon berichtet, und 2) daß die Leserschaft, um dieses Wissen adäquat zu verstehen, ebenfalls im Zustand der Entgrenzung sich befinden muß – ein Versuch, der a priori zum Scheitern verurteilt ist. Also nicht nur Agathe und Ulrich geraten dadurch in die unaufhebbare Schwierigkeit, daß die Beschreibung des anderen Zustands nur außerhalb des anderen Zustands möglich ist – schon zu Beginn des Romans hatte es menetekelhaft geheißen, daß »ein Liebender die Liebe verlassen muß, um sie zu beschreiben« (ebd., S. 255) –, sondern auch der Erzähler befindet sich in dem Dilemma, daß die Darstellung des anderen Zustands ihm unter der Hand zur Beschreibung einer Beschreibung gerät (dagegen Reis, der davon ausgeht, daß es dem Autor gerade gelinge, »Ulrich in die Wirklichkeit der Möglichkeit, die seine Reflexion übersteigt, zu versetzen«, Reis 1983, S. 410).

Die Sprache der Liebe, heißt es später, sei eine »Geheimsprache«, die »in ihrer höchsten Vollendung so schweigsam wie eine Umarmung [ist]« (ebd., S. 1102). Wer vermag dann aber noch diese Sprache zu dechiffrieren, wie kann sich der Autor Musil aus diesem Dilemma befreien, »daß die Sprache nicht für diese Seite des Daseins geschaffen ist« (MoE, S. 1202)? Um das Mögliche von Sprache und Handeln ins Wirkliche zu überführen, bedarf es für die Literatur, also für die literarische Darstellung dieses Vorgangs, der Versprachlichung, das ist: der Einschreibung in distinkt definierte Ordnungen instrumenteller Vernunft. Das ist das Problem des Erzählers Musil; Philosophie, Mathematik, Literatur und Mystik lösen dieses Problem nicht, sie spitzen es zu. Vielleicht ist eine Antwort darin zu sehen, daß für die Suche der Geschwister nach dem anderen Zustand auf dem schmalen Grat zwischen Erkenntniskritik und Privatmythologie (vgl. Frank 1983) gilt, daß das Unsagbare seinen Inhalt erst durch die vorausgegangenen Versuche des Sagens erhalte (vgl. GW 8, S. 1110), wie Musil in dem Aufsatz *Symptomen-Theater II* geschrieben hatte. Dies läßt sich vorbehaltlos auf den *Mann ohne Eigenschaften* als poetologisches Programm des Autors übertragen, der im Bewußtsein der »ewige[n] Augenblicklichkeit der Literatur« (MoE, S. 868) dennoch vergeblich die Dauerhaftigkeit des Augenblicklichen festzuschreiben versucht.

Die sich bis zur Auflösung steigernde Fragmentarisierung der Außenwelt ist in der Vorkriegsgesellschaft bei der Dezentrierung des Ichs selbst angelangt (vgl. ebd., S. 150), »das Ich verliert die Bedeutung [...] als ein Souverän« (ebd., S. 474). Ulrich versucht, dieser Entwicklung durch die Suche nach dem anderen Zustand zu begegnen, welcher auch die Möglichkeit einer Restituierung des Ichs außerhalb sozialer und historischer Konditionierungen, das, was die ›Menschen mit Eigenschaften‹ vorstellen, bedeutet. In diesem Sinne kann auch der Rückzug der Geschwister aus ihrer Umwelt, die Weltabgewandtheit ihres äußeren Aufenthaltsortes (dem Garten von Ulrichs Schlößchen) und ihres psychischen Binnenraumes (der Diskurs der ›heiligen Gespräche‹, die Arbeit an den Begriffen Gefühl, Liebe etc.) verstanden werden.

Der andere Zustand ist die Suche nach einem Residuum, in dem die Erfahrungen von Subjektivität und Andersheit unversehrt bleiben. Auch diese Überlegung, daß »alles anders sein könnte« (ebd., S. 1102), war im *Törleß* bereits antizipiert, dort schließt der Roman mit der Erinnerung des jungen Zöglings, »daß es anders sein kann« (GW 6, S. 140), hier im *Mann ohne Eigenschaften* ist dieses Möglichkeitsdenken Voraussetzung für die Utopie des anderen Zustands.

Ulrich vermutet neben der »›wirkliche[n] Wirklichkeit‹« (MoE, S. 1195) noch eine zweite, mögliche Wirklichkeit und greift damit wieder auf das im vierten Kapitel des ersten Buchs beschriebene Möglichkeitsmodell zurück. Zu dem Einfall, von einer wirklichen Wirklichkeit zu sprechen, mag Musil durch zwei große Autoren des 19. Jahrhunderts angeregt worden sein. In der späten Erzählung *Nachkommenschaften* (1863) schreibt Adalbert Stifter: »Ich wollte nämlich [...] die wirkliche Wirklichkeit und dazu die wirkliche Darstellung derselben immer neben mir haben« (*Sämtliche Werke*, Bd. 13/2, Graz 1960, S. 271). Und schon bei Otto Ludwig finden sich ähnliche ästhetisch-normative Formulierungen. In der ersten Gruppe der dramaturgischen Aphorismen aus den Jahren 1840 bis 1860 notiert Ludwig: »Die wahre Poesie muß sich ganz von der äußeren Gegenwart loslösen, sozusagen von der wirklichen Wirklichkeit« (*Gesammelte Schriften*, Bd. 5, Leipzig 1891, S. 411). Doch ist für Musils Roman entscheidend, daß der Liebende derjenige ist, der diese versteckten Möglichkeiten zu erwecken vermag (vgl. MoE, S. 1112). Um diese andere Wirklichkeit oder diesen anderen Zustand kreisen auch die letzten Druckfahnenkapitel, die in Form von Ulrichs Tagebuch gestaltet sind. Hierin wird das Scheitern des anderen Zustands, trotz eines enormen Aufwands an theoretischer Reflexion, nicht länger kaschiert. In diesem Tagebuch heißt es: »Denn ein Gefühl verändert sich in dem Augenblick, wo es dauert; es hat keine Dauer und Identität; es muß neu vollzogen werden« (ebd., S. 1129). Und da Ulrich Liebe als Ekstase definiert (vgl. ebd., S. 1130), also als etwas Augenblickshaftes, ist auch der andere Zustand kein Zustand, sondern ein ekstatischer Augenblick jenseits der Möglichkeiten sprachlicher Kommunikation. Ulrichs Anmerkung, daß das Gefühl in die Sprache der Handlung und eine Handlung in die Sprache des Gefühls übersetzt werde (vgl. ebd., S. 1166), verschiebt lediglich das Problem von einer verbalen auf eine nonverbale Ebene, löst es aber nicht. Zudem wäre nicht klar, wie die handlungskommunikative Erklärung mit Ulrichs erkenntnistheoretischem Letztbegründungsversuch zu vermitteln ist. Insofern ist es problematisch, davon zu sprechen, daß der Roman eine »Phänomenologie der mystischen Erfahrung« biete (Tewilt 1990, S. 1). So bleibt dem Autor wie seinem Protagonisten Ulrich nur die eine Form der ›Bewältigung‹, und in dieser schlichten Aporie läuft der Roman aus: »Und so schrieb er nieder, was er gedacht hatte« (MoE, S. 1203).

Ist Musil der »Laokoon der Moderne« (Heftrich 1986, S. 155) oder ist er der »Diagnostiker und Gestalter des Niedergangs bürgerlicher Kultur und Tradition« (Böhme 1974, S. 382)? Kann Musils Roman *Der Mann ohne Eigenschaften* als der *Wilhelm Meister* unserer Epoche bezeichnet werden, wie dies Otto Ernst Hesse in seiner Rezension in der *Literarischen Umschau* vom 16.11.1930 getan hatte? Vielleicht ist Musil auch – wie es Wolfgang Freese 1983 formuliert hat – längst zu einem modernen Weisen geworden. Nicht im Sinne einer Ikone, »sondern für eine eher intellektuelle Suchergemeinde, denen er in ihren Bemühungen um selbst- und weltanalytische Erkenntnisse die besten Formeln und Formulierungen liefert. In der Tat, die eminente Zitierbarkeit Musils deutet schon darauf hin« (Freese 1983, S. 106). *Der Mann ohne Eigenschaften* beschreibe, so notiert Musil selbst um 1938, »seine Welt in universaler Breite« (GW 7, S. 950). Das Epische befinde sich darin »in vollendetem Gleichgewicht mit dem Gedanklichen« (ebd., S. 951). Mag dies auch eher beschwörend als beschreibend klingen, Musils Roman ist längst zu einem der wichtigsten Texte der Literatur der Moderne avanciert. Vielleicht ist dieser Roman auch, um ein Hegel-Wort zu variieren, seine Zeit in Gedanken erfaßt? Möglich, daß es solcher Superlative gar nicht bedarf, um das nur ungenügend zum Ausdruck zu bringen, was uns beim Lesen des Romans in seinen Bann zu schlagen vermag.

8. Bibliographie

Anspruch auf Vollständigkeit will diese Bibliographie nicht erheben, vielmehr eine erste Orientierung zur Beschäftigung mit Musils Werk bieten.

Textausgaben

Musil, Robert: *Beitrag zur Beurteilung der Lehren Machs und Studien zur Technik und Psychotechnik.* Reinbek b. Hamburg 1980. [= Diss.].

Ders.: *Briefe 1901–1942.* Hgg. v. Adolf Frisé unter Mithilfe von Murray G. Hall. Reinbek b. Hamburg 1981.

Ders.: *Briefe 1901–1942.* Kommentar, Register. Hgg. v. Adolf Frisé unter Mithilfe von Murray G. Hall. Reinbek b. Hamburg 1981.

Ders.: *Briefe – Nachlese. Dialog mit dem Kritiker Walther Petry.* Mit Peter Engel, Murray G. Hall, Marie-Louise Roth, Georg Wiesner-Brandes hgg. v. Adolf Frisé. Eine Veröffentlichung der Internationalen Robert Musil-Gesellschaft. Privatdruck Saarbrücken 1994. [Zu beziehen über die Geschäftsstelle der Internationalen Robert Musil-Gesellschaft Saarbrücken].

Ders.: *Der Mann ohne Eigenschaften.* Hgg. v. Adolf Frisé. Neu durchgesehene u. verbesserte Ausgabe 1978. Sonderausgabe. 2 Bde. Reinbek b. Hamburg 1981. [Text- u. seitenidentisch mit den Bänden 1–5 der *Gesammelten Werke*].

Ders.: *Gesammelte Werke in neun Bänden.* Hgg. v. Adolf Frisé. Reinbek b. Hamburg 1978.

Ders.: *Literarischer Nachlaß.* Hgg. v. Friedbert Aspetsberger, Karl Eibl, Adolf Frisé. Reinbek b. Hamburg 1992. [CD-ROM].

Ders.: *Slowenisches Dorfbegräbnis. Faksimile der Handschrift und Druckvorlage.* Wien 1992.

Ders.: *Tagebücher. Anmerkungen, Anhang, Register.* Hgg. v. Adolf Frisé. Neu durchgesehene u. ergänzte Aufl. Reinbek b. Hamburg 1983.

Ders.: *Tagebücher.* Hgg. v. Adolf Frisé. Neu durchgesehene u. ergänzte Aufl. Reinbek b. Hamburg 1983.

Ders.: *Texte aus dem Nachlaß.* Hgg. von der Arbeitsstelle Robert Musil-Nachlaß Wien/Klagenfurt. Reinbek b. Hamburg 1980.

In Einzelausgaben sind als Taschenbücher folgende Titel lieferbar: *Drei Frauen* (rororo), *Die Amsel. Bilder* (Reclam), *Der Mann ohne Eigenschaften, Bd. 1: Erstes und zweites Buch, Bd. 2: Aus dem Nachlaß* (rororo), *Nachlaß zu Lebzeiten* (rororo), *Die Schwärmer* (rororo), *Über die Dummheit* (Alexander Verlag), *Vereinigungen. Zwei Erzählungen*. Nachwort v. Hartmut Böhme (Suhrkamp), *Die Verwirrungen des Zöglings Törleß* (rororo). Gebunden sind als Einzelausgaben lieferbar: *Frühe Prosa und aus dem Nachlaß zu Lebzeiten. Sämtliche Erzählungen* (Rowohlt) sowie die oben angeführten Titel.

Allgemein

Arntzen, Helmut: *Musil-Kommentar sämtlicher zu Lebzeiten erschienener Schriften außer dem Roman* »Der Mann ohne Eigenschaften«. München 1980.

Bangerter, Lowell A.: *Robert Musil*. New York 1988.

Bauer, Sybille, Ingrid Drevermann: *Studien zu Robert Musil*. Köln 1966.

Baumann, Gerhart: *Robert Musil. Ein Entwurf*. Bern, München 1981.

Ders.: *Robert Musil. Zur Erkenntnis der Dichtung*. Bern, München 1965.

Baur, Uwe, Dietmar Goltschnigg (Hg.): *Vom* »Törleß« *zum* »Mann ohne Eigenschaften«. *Grazer Musil-Symposion 1972*. München, Salzburg 1973. (= *Musil-Studien*, Bd. 4).

Baur, Uwe, Elisabeth Castex (Hg.): *Robert Musil. Untersuchungen*. Königstein/Ts. 1980.

Berghahn, Wilfried: *Robert Musil, in Selbstzeugnissen und Bilddokumenten*. Reinbek b. Hamburg 1963.

Brokoph-Mauch, Gudrun (Hg.): *Beiträge zur Musil-Kritik*. Bern, Frankfurt a. M., New York 1983.

Dies. (Hg.): *Robert Musil. Essayismus und Ironie*. Tübingen 1992.

Corino, Karl: *Robert Musil. Leben und Werk in Bildern und Texten*. Reinbek b. Hamburg 1988.

Dinklage, Karl (Hg.): *Robert Musil. Leben, Werk, Wirkung*. Zürich, Leipzig, Wien 1960.

Ders. (Hg.): *Robert Musil. Studien zu seinem Werk*. Reinbek b. Hamburg 1970.

Farda, Dieter P., Ulrich Karthaus (Hg.): *Sprachästhetische Sinnvermittlung. Robert Musil Symposion Berlin 1980*. Frankfurt a.M., Bern 1982.

Fiala-Fürst, Ingeborg: *Robert Musil. Internationale Bibliographie der Sekundärliteratur 1984–1991*. Saarbrücken 1991 (= *Musil-Forum*, Beiheft Nr. 5).

Freese, Wolfgang: Zur neueren Musil-Forschung. Ausgaben und Gesamtdarstellungen, in: *Text + Kritik* 21/22 (1983), 3. Aufl., Neufassung, S. 86–148.

Frisé, Adolf: *Plädoyer für Robert Musil. Erweiterte Ausgabe*. Reinbek b. Hamburg 1987 [¹1980].

Gumtau, Helmut: *Robert Musil*. Berlin 1967.

Heftrich, Eckhard: *Musil. Eine Einführung*. München, Zürich 1986.

Heydebrand, Renate v. (Hg.): *Robert Musil.* Darmstadt 1982.

Hickmann, Hannah: *Robert Musil and the Culture of Vienna.* London, Sydney 1984.

Kaiser, Ernst, Eithne Wilkins: *Robert Musil. Eine Einführung in das Werk.* Stuttgart 1962.

Karthaus, Ulrich: Musil-Forschung und Musil-Deutung. Ein Literaturbericht, in: *DVjs* 39 (1965), S. 441–483.

Kümmerling, Bettina: Robert Musil-Forschung 1973–1987, in: *Literatur in Wissenschaft und Unterricht* 20 (1987), S. 540–570.

Lejeune, Robert: *Robert Musil 1880–1942.* Zürich, New York 1942.

Luft, David S.: *Robert Musil and the Crisis of European Culture 1880–1942.* Berkeley, Los Angeles, London 1980.

Mae, Michiko: Robert-Musil-Bibliographie. Ergänzungsbibliographie 1980–1983, in: *Musil-Forum* 9 (1983), S. 183–220.

Musil-Forum. Hgg. v. der Internationalen Robert-Musil-Gesellschaft. Bd. 1 ff. 1975 ff.

Musil-Forum, Wissenschaftliche Beihefte. Bd. 1 ff. 1977 ff.

Musil-Studien. Hgg. v. Karl Dinklage u. Karl Corino in Verbindung mit der Vereinigung Robert-Musil-Archiv Klagenfurt. Bd. 1 ff. München 1971 ff.

Payne, Philip: *Robert Musil's Works, 1906–1924. A critical introduction.* 2. revised edition. Frankfurt a. M., Bern, New York, Paris 1989.

Pike, Burton: *Robert Musil: An Introduction to his Work.* 2. Ed. New York, London 1972.

Pott, Hans-Georg: *Robert Musil.* München 1984.

Roseberry, Robert L.: *Robert Musil. Ein Forschungsbericht.* Frankfurt a. M. 1974.

Roth, Marie-Louise: *Robert Musil. Ethik und Ästhetik. Zum theoretischen Werk des Dichters.* München 1972.

Dies.: *Robert Musil. L'homme au double regard.* Paris 1987.

Schneider, Rolf: *Die problematisierte Wirklichkeit. Leben und Werk Robert Musils. Versuch einer Interpretation.* Berlin 1975.

Willemsen, Roger: *Robert Musil. Vom intellektuellen Eros. Mit 16 Abb.* München, Zürich 1985.

»Die Verwirrungen des Zöglings Törleß«

Baur, Uwe: Zeit- und Gesellschaftskritik in Robert Musils Roman »Die Verwirrungen des Zöglings Törleß«, in: Ders., Dietmar Goltschnigg (Hg.): *Vom »Törleß« zum »Mann ohne Eigenschaften«. Grazer Musil-Symposion 1972.* München, Salzburg 1973, S. 19–45. (= *Musil-Studien,* Bd. 4).

Bey, Gesine: *Zwischen Zuversicht und Müdigkeit. Robert Musils frühe Tagebücher und der Roman »Die Verwirrungen des Zöglings Törleß« unter dem Aspekt der künstlerischen Aneignung sozialer, ethischer und ästhetischer Probleme der Jahrhundertwende.* Diss. Masch. Berlin 1986.

Brosthaus, Heribert: *Der Entwicklungsroman einer Idee. Untersuchungen zu Gehalt, Struktur und Stil in Robert Musils Roman* »Die Verwirrungen des Zöglings Törleß«. Diss. Masch. Würzburg 1969.

Corino, Karl: Törleß ignotus. Zu den biographischen Hintergründen von Robert Musils Roman »Die Verwirrungen des Zöglings Törleß«, in: *Text + Kritik* 21/22 (1972), 2. Aufl., S. 61–72.

Desportes, Yvon: Étude comparative d'un style et d'une philosophie: une oeuvre de Musil à la lumière de Mach, in: *Revue d'Allemagne* 6 (1974), S. 79–90; dt. Übersetzung v. Ileana Beckmann in: Renate von Heydebrand (Hg.): *Robert Musil.* Darmstadt 1982, S. 281–295.

Franke, Hans-Peter: *Robert Musil:* »Die Verwirrungen des Zöglings Törleß«. Stuttgart 1979.

Freij, Lars W.: › *Türlosigkeit‹. Robert Musils* »Törleß« *in Mikroanalysen mit Ausblicken auf andere Texte des Dichters.* Stockholm 1972.

Frier, Wolfgang: *Die Sprache der Emotionalität in den* »Verwirrungen des Zöglings Törleß« *von Robert Musil. Ein Beitrag zur angewandten Textlinguistik.* Bonn 1976.

Hafner, Heinz: Figurenkonstellation und Vermittlungsstruktur. Zu Musils »Verwirrungen des Zöglings Törleß«, in: *Zeitschrift für Semiotik* 8 (1986), S. 35–41.

Höller, Hans: Die Melancholie-Szenen in Robert Musils »Törless« [!], in: Karol Sauerland (Hg.): *Melancholie und Enthusiasmus. Studien zur Literatur- und Geistesgeschichte der Jahrhundertwende.* Frankfurt a.M., Bern, New York, Paris 1988, S. 47–67.

Huber, Lothar: Robert Musils Törleß und die Krise der Sprache, in: *Sprachkunst* 4 (1973), S. 91–99.

Issler, Maria: *Robert Musil* »Die Verwirrungen des Zöglings Törleß«. *Versuch einer Interpretation.* Diss. Masch. Zürich 1972.

Magnou, Jacqueline: »Törleß« – Eine Variation über den Ödipus-Komplex? Einige Bemerkungen zur Struktur des Romans, in: *Musil-Forum* 3 (1977), S. 134–158.

Mattenklott, Gert: Der ›subjektive Faktor‹ in Musils Törleß. Mit einer Vorbemerkung über die Historizität der sinnlichen Wahrnehmung, in: *Neue Hefte für Philosophie* 4 (1973), S. 47–73. Wiederabdruck in: Renate v. Heydebrand (Hg.): *Robert Musil.* Darmstadt 1982, S. 250–280.

Meuthen, Erich: Törleß im Labyrinth, in: *DVjs* 59 (1985), S. 125–144.

Minder, Robert: Kadettenhaus, Gruppendynamik und Stilwandel von Wildenbruch bis Rilke und Musil, in: Ders.: *Kultur und Literatur in Deutschland und Frankreich. Fünf Essays.* Frankfurt a.M. 1977, S. 76–95.

Müller, Gerd: *Dichtung und Wissenschaft. Studien zu Robert Musils Romanen* »Die Verwirrungen des Zöglings Törless [!]« *und* »Der Mann ohne Eigenschaften«. Uppsala 1971.

Pott, Hans-Georg: Das Trauma des Leibes und der Rede in Musils »Törleß«, in: *Literatur für Leser* 2 (1982), S. 95–109.

Ries, Heidi: *Vor der Sezession. Untersuchungen zur Schul- und Kadettengeschichte um die Jahrhundertwende.* [Diss. München] 1970.

Söder, Thomas: *Untersuchungen zu Robert Musils* »Verwirrungen des Zöglings Törless [!]«. Rheinfelden 1988.

Stopp, Elisabeth: Musils »Törleß«: Inhalt und Form, in: Renate von Heydebrand (Hg.): *Robert Musil.* Darmstadt 1982, S. 207–249.

Vogl, Joseph: Grenze und Übertretung. Der anthropologische Faktor in Robert Musils »Die Verwirrungen des Zöglings Törleß«, in: *Robert Musils ›Kakanien‹ – Subjekt und Geschichte.* Hgg. v. Josef Strutz. (= *Musil-Studien*, Bd. 15). München 1987, S. 60–76.

Winter, Ingrid: Zeitperspektiven in Robert Musils »Die Verwirrungen des Zöglings Törleß«, in: *Modern Austrian Literature* 13 (1980), S. 47–68.

Erzählungen, Dramen, Essays, Kleine Prosa

Alt, Peter-André: Allegorische Formen in Robert Musils Erzählungen, in: *Jahrbuch der deutschen Schillergesellschaft* 32 (1988), S. 314–343.

Arntzen, Helmut: Symptomen-Theater. Robert Musil und das Theater seiner Zeit, in: *Literatur und Kritik* 15 (1980), S. 598–606.

Ders.: Wirklichkeit als Kolportage. Zu drei Komödien von Georg Kaiser und Robert Musil, in: *DVjs* 36 (1962), S. 544–561.

Aue, Maximilian Alfred Edward: Die Ablehnung romantischer Vorstellungen von Liebe, Natur und Tod in Robert Musils »Drei Frauen«, in: *Modern Austrian Literature* 9 (1976), S. 240–256.

Baur, Uwe: Musils Novelle »Die Amsel«. Figurierung der Persönlichkeitsspaltung eines Rahmenerzählers, in: Ders., Dietmar Goltschnigg (Hg.): *Vom »Törleß« zum »Mann ohne Eigenschaften«. Grazer Musil-Symposion 1972.* München, Salzburg 1973, S. 237–292. (= *Musil-Studien*, Bd. 4).

Bedwell, Carol: Musils »Grigia«: An Analysis of Cultural Dissolution, in: *Seminar* 3 (1967), S. 117–126.

Berger, Albert: Zur Satire in Robert Musils »Unfreundlichen Betrachtungen«, in: *Zeitschrift für Deutsche Philologie* 89 (1970), S. 560–576.

Bernauer, Hermann: Weshalb wird Ketten von einer Fliege gestochen? Zur Deixis in Musils »Portugiesin«, in: *DVjs* 66 (1992), S. 733–747.

Berz, Peter: Der Fliegerpfeil. Ein Kriegsexperiment Musils an den Grenzen des Hörraums, in: Jochen Hörisch, Michael Wetzel (Hg.): *Armaturen der Sinne. Literarische und technische Medien 1870–1920.* München 1990, S. 265–288.

Boa, Elizabeth J.: Austrian Ironies in Musils »Drei Frauen«, in: *The Modern Language Review* 63 (1968), S. 119–131.

Braun, Wilhelm: An Interpretation of Musils Novelle »Tonka«, in: *Monatshefte für deutschen Unterricht, deutsche Sprache u. Literatur* 53 (1961), S. 73–85.

Ders.: Musils »Vinzenz und die Freundin bedeutender Männer«, in: *The Germanic Review* 37 (1962), S. 121–134.

Brokoph-Mauch, Gudrun: *Robert Musils* »Nachlass zu Lebzeiten«. New York, Bern, Frankfurt a. M. 1985.

Burgstaller, Erich: Zu Robert Musils »Die Amsel«, in: *Sprachkunst* 3 (1972), S. 268–277.

Corino, Karl: Alpha – Modell Nr. 2. Bemerkungen zum biographischen Hintergrund von Robert Musils Posse »Vinzenz und die Freundin bedeutender Männer«, in: Josef u. Johann Strutz (Hg.): *Robert Musil – Theater, Bildung, Kritik.* München 1985, S. 95–109 (= *Musil-Studien*, Bd. 13).

Ders.: *Robert Musils* »Vereinigungen«. *Studien zu einer historisch-kritischen Ausgabe.* München, Salzburg 1974. (= *Musil-Studien*, Bd. 5).

Daigger, Annette: *La nouvelle* »Tonka« *de Robert Musil. Etudes et matériaux pour une édition critique.* Diss. Masch. Metz 1984.

Dinklage, Karl: Ende der »Schwärmer« – Ende des »Mann ohne Eigenschaften«, in: Josef u. Johann Strutz (Hg.): *Robert Musil – Theater, Bildung, Kritik.* München 1985, S. 227–240. (= *Musil-Studien*, Bd. 13).

Düsing, Wolfgang: Utopische Vergangenheit: Zur Erinnerungstechnik in Musils früher Prosa, in: *Zeitschrift für Deutsche Philologie* 89 (1970), S. 531–560.

Eibl, Karl: Die dritte Geschichte. Hinweise zur Struktur von Robert Musils Erzählung »Die Amsel«, in: *Poetica* 3 (1970), S. 455–471.

Ders.: *Robert Musil: Drei Frauen. Text, Materialien, Kommentar.* München, Wien 1978.

Erickson, Susan: Musil's »Der Vorstadtgasthof«: A narrative analysis, in: *Neophilologus* 69 (1985), S. 101–114.

Dies.: The Psychopoetics of Narrative in Robert Musil's »Die Portugiesin«, in: *Monatshefte* 78/2 (1986), S. 167–181.

Fuchs, Annette: ›Augen-Blicke‹: Zur Kommunikationsstruktur der ›Bilder‹ in Robert Musils »Nachlaß zu Lebzeiten«, in: *Der Deutschunterricht* 40/1 (1988), S. 66–79.

Geulen, Hans: Robert Musils »Die Versuchung der stillen Veronika«, in: *Wirkendes Wort* 15 (1965), S. 173–187.

Gödrich, Wolfgang: *Der antinomische Konflikt in Musils Novelle* »Tonka«. Diss. Masch. Basel 1978.

Goltschnigg, Dietmar: Theoretische und historische Aspekte der Komödie »Vinzenz und die Freundin bedeutender Männer«, in: Hannah Hickman (Ed.): *Robert Musil and the Literary Landscape of his Time.* Salford 1991, S. 151–171.

Grieser, Dietmar: Reise an den Rand der Sprache. Musil, »Grigia« und das Fersental, in: Ders.: *Schauplätze österreichischer Dichtung. Ein literarischer Reiseführer.* München, Wien 1974, S. 93–104.

Gürtler, Christa: Drei Märchen um »Drei Frauen«: Männerträume am Beginn unseres Jahrhunderts, in: *Die Zeichen der Historie. Beiträge zu einer semiologischen Geschichtswissenschaft.* Hgg. v. Georg Schmid. Wien, Köln 1986, S. 129–144.

Hall, Murray G.: Der Schwärmerskandal 1929. Zur Rezeption von Robert Musils »Die Schwärmer«, in: *Musil-Forum* 1 (1975), S. 37–60 u. 201–224. [= 1975a]

Ders.: Kurzkommentar zum Musil-Text »Noch einmal Theaterkrisis und Theatergesundung«, in: *Musil-Forum* 2 (1976), S. 153–156.

Halm, Heinz J.: Satirische Parabeln. Robert Musils Tiergeschichten im »Nachlaß zu Lebzeiten«: Das Fliegenpapier, Die Affeninsel, Hasenkatastrophe, in: *Sprachkunst* 6 (1975), S. 75–86.

Heering-Düllo, Cornelia: ›Stumme Taten aus den Stirnen‹. Zum Problem von Identität und Kommunikation in Robert Musils Novelle »Die Portugiesin«, in: *Literatur für Leser* (1988), S. 33–51.

Heintel, Erich: Glaube in Zweideutigkeit. Robert Musils »Tonka«, in: Uwe Baur, Dietmar Goltschnigg (Hg.): *Vom* »Törleß« *zum* »Mann ohne Eigenschaften«. *Grazer Musil-Symposion 1972.* München, Salzburg 1973, S. 47–88. (= *Musil-Studien*, Bd. 4).

Henninger, Peter: Der Text als Kompromiß. Versuch einer psychoanalytischen Textanalyse von Musils Erzählung »Tonka« mit Rücksicht auf Jacques Lacan, in: Bernd Urban, Winfried Kudszus (Hg.): *Psychoanalytische und psychopathologische Literaturinterpretation.* Darmstadt 1981, S. 398–420.

Ders.: Schreiben und Sprechen. Robert Musils Verhältnis zur Erzählform am Beispiel von »Drei Frauen« und »Die Amsel«, in: *Modern Austrian Literature* 9 (1976), S. 57–99.

Homann, Renate: Literatur und Erkenntnis: Robert Musils Erzählung »Tonka«, in: *DVjs* 59 (1985), S. 497–518.

Hoppler, Rudolf: *Robert Musils Novelle* »Die Amsel«. *Die Wiederentdeckung des Paradiesvogels.* Zürich 1980.

Horn, Peter: ›Wenn ich den Sinn wüßte, so brauchte ich dir wohl nicht erst zu erzählen‹. Zu Musils »Amsel«, in: *Euphorion* 81 (1987), S. 391–413.

Jennings, Michael W.: Mystical Selfhood, Self-Delusion, Self-Dissolution: Ethical and Narrative Experimentation in Robert Musil's »Grigia«, in: *Modern Austrian Literature* 17 (1984), S. 59–77.

Jesch, Jörg: Robert Musil als Dramatiker, in: *Text + Kritik* 21/22 (1972), 2. Aufl., S. 49–60.

Karthaus, Ulrich: Musils Theaterbegriff, in: Josef u. Johann Strutz (Hg.): *Robert Musil – Theater, Bildung, Kritik.* München 1985, S. 10–23. (= *Musil-Studien*, Bd. 13).

King, Lynda J.: The new woman in Robert Musil's comedy »Vinzenz und die Freundin bedeutender Männer«, in: *Modern Austrian Literature* 16 (1983), S. 23–36.

Koh, Won: *Robert Musils* »Die Versuchung der stillen Veronika«. *Entwicklung der fünf Fassungen.* St. Ingbert 1992.

Köhler, Andrea, Christine Adam, Horst Hamm, Joachim Pfeiffer: Bekenntnis und Abwehr. Eine Analyse von Robert Musils Schreibprozeß am Beispiel seiner Novelle »Die Versuchung der stillen Veronika«, in: *Freiburger literaturpsychologische Gespräche Bd. 4.* Hgg. v. Johannes Cremerius, Wolfram Mauser, Carl Pietzcker, Frederick Wyatt. Würzburg 1985, S. 101–122.

Kohlhase, Norbert: Von der Revolutionsbühne zum ›Theater ohne Eigenschaften‹, in: *Schweizer Monatshefte* 48 (1968/69), S. 717–731.

Krause, Fritz U.: Zu Ursprung und Funktion der ›Aphorismen‹ bei Robert Musil – ergänzt um eine linguistische Analyse eines Aphorismus zur Stützung der vorangegangenen Verstehensvorschläge, in: Dieter P. Farda, Ulrich Karthaus (Hg.): *Sprachästhetische Sinnvermittlung. Robert Musil Symposion Berlin 1980.* Frankfurt a.M., Bern 1982, S. 154–167.

Krotz, Friedrich: *Interpretationen zu Robert Musil.* 2. Aufl. München 1976.

Krusche, Dietrich: Selbstfindung und Partnerferne. Strukturen innertextlicher Kommunikation und deren gestalterische Funktion in Robert Musils »Vereinigungen«, in: *Orbis Litterarum* 33 (1978), S. 310–329.

Kuhn, Heribert: *Das Bibliomenon. Topologische Analyse des Schreibprozesses von Robert Musils »Vereinigungen«.* Frankfurt a.M., Berlin, Bern, New York, Paris, Wien 1994.

Kuzniar, Alice A.: Inside Out: Robert Musil's »Die Portugiesin«, in: *Modern Austrian Literature* 26/2 (1993), S. 91–106.

Lange, Victor: Musils »Das Fliegenpapier«, in: *Colloquia Germanica* 10 (1976/77), S. 193–203.

Magnou, Jacqueline: Grenzfall und Identitätsproblem oder die Rolle der Psycho-Pathologie in der literarischen Praxis und Theorie Musils anhand der Novellen: »Vereinigungen«, in: Dieter P. Farda, Ulrich Karthaus (Hg.): *Sprachästhetische Sinnvermittlung. Robert Musil Symposion Berlin 1980.* Frankfurt a.M., Bern 1982, S. 103–116.

Marinoni, Bianca Cetti: *Essayistisches Drama. Die Entstehung von Robert Musils Stück* »Die Schwärmer«. München 1992.

Martens, Lorna: Musil und Freud: The ›Foreign Body‹ in »Die Versuchung der stillen Veronika«, in: *Euphorion* 81 (1987), S. 100–118.

Mauch, Gudrun: Das Märchen in Musils Erzählung »Die Amsel«, in: *Literatur und Kritik* 12 (1977), S. 146–166.

Dies.: Die Tradition des Grotesken in Robert Musils »Nachlaß zu Lebzeiten«, in: *Musil-Forum* 6 (1980), S. 43–62.

Dies.: Robert Musils ›Anekdoten‹ aus dem Ersten Weltkrieg, in: *Zeitschrift für Deutsche Philologie* 98 (1979), S. 514–524.

Mauser, Wolfram: ›Es hat sich eben alles so ereignet ...‹. Zu Musils Erzählung »Die Amsel«, in: Reingard Nethersole (Hg.): *Literatur als Dialog. Festschrift zum 50. Geburtstag von Karl Tober.* Johannesburg 1979, S. 405–422.

Meister, Monika: *Der Theaterbegriff Robert Musils. Ein Beitrag zur ästhetischen Theorie des Theaters.* Diss. Masch. Wien 1979.

Naganowski, Egon: »Vinzenz« oder der Sinn des sinnvollen Unsinns, in: Uwe Baur, Dietmar Goltschnigg (Hg.): *Vom* »Törleß« *zum* »Mann ohne Eigenschaften«. *Grazer Musil-Symposion 1972.* München, Salzburg 1973, S. 89–122. (= *Musil-Studien*, Bd. 4).

Oczipka, Michael: *Die Verwirklichung des ›anderen Zustands‹ in den Stücken Robert Musils.* Diss. Masch. Wien 1972.

Paulson, Ronald M.: A Re-examination and Re-interpretation of some of the Symbols in Robert Musils »Die Portugiesin«, in: *Modern Austrian Literature* 13 (1980), S. 111–121.

Rasch, Wolfdietrich: Robert Musils Komödie »Vinzenz und die Freundin bedeutender Männer«, in: Hans Steffen (Hg.): *Das deutsche Lustspiel.* Bd. 2. Göttingen 1969, S. 159–179.

Requadt, Paul: Musils »Portugiesin«, in: Ders.: *Die Bildersprache der deutschen Italiendichtung von Goethe bis Benn.* Bern, München 1962, S. 268–281.

Rieth, Renate: *Robert Musils frühe Prosa. Versuch einer stilistischen Interpretation.* Diss. Masch. Tübingen 1964.

Rogowski, Christian: »Die alten Tragödien sterben ab.« Musils »Schwärmer« als Kritik des zeitgenössischen Theaters, in: *Modern Austrian Literature* 26/2 (1993), S. 63–89.

Ders.: *Implied Dramaturgy: Robert Musil and the Crisis of Modern Drama.* Riverside 1993.

Röttger, Brigitte: *Erzählexperimente. Studien zu Robert Musils* »Drei Frauen« *und* »Vereinigungen«. Bonn 1973.

Dies.: Robert Musil »Das Fliegenpapier«. Eine strukturale Analyse anhand der Kategorien Ju. M. Lotmans, in: *Sub tua platano. Festgabe für Alexander Beinlich.* Emsdetten 1981, S. 509–515.

Ruf, Ursula Meier: *Prozesse der Auflösung. Subjektstruktur und Erzählform in Robert Musils* »Drei Frauen«. Bern, Berlin, Frankfurt a.M., New York, Paris, Wien 1992.

Sanders, Hans: Die Widerlegung der Vernunft aus dem Erlebnis oder Die Kapitulation der bürgerlichen Intelligenz vor dem Faschismus. Zu Musils »Amsel«, in: *Ideologiekritik im Deutschunterricht. Analysen und Modelle.* Hgg. v. Heinz Ide, Hubert Ivo, Valentin Merkelbach u. Hans Thiel. Frankfurt a. M., Berlin, München 1972, S. 86–95.

Scharang, Michael: *Robert Musil – Dramaturgie und Bühnengeschichte.* Diss. Masch. Wien 1965.

Schier, Rudolf: Robert Musils »Tonka« als Vorläufer des ›Nouveau Roman‹, in: *Études Germaniques* 32 (1977), S. 40–45.

Schneider, Günther: *Untersuchungen zum dramatischen Werk Robert Musils.* Bern, Frankfurt a.M. 1973.

Scholz, Ingeborg: *Studien zu Robert Musil.* »Nachlaß zu Lebzeiten«. *Bilder – Betrachtungen – Geschichten.* Hollfeld/Obfr. 1978.

Schröder, Jürgen: Am Grenzwert der Sprache. Zu Robert Musils »Vereinigungen«, in: *Euphorion* 60 (1966), S. 311–334; wiederabgedruckt in: Renate von Heydebrand (Hg.): *Robert Musil*. Darmstadt 1982, S. 380–411.

Sjögren, Christine Oertel: The Enigma of Musils »Tonka«, in: *Modern Austrian Literature* 9 (1976), S. 100–113; dt. Übersetzung v. Helga Egner, in: Renate von Heydebrand (Hg.): *Robert Musil*. Darmstadt 1982, S. 434–449.

Stefanek, Paul: Musils Posse »Vinzenz« und die Tradition der Komödie, in: *Musil-Forum* 6 (1980), S. 25–42.

Ders.: Theater zwischen Krise und Utopie. Zur Theaterkritik und -ästhetik Robert Musils, in: *Maske und Kothurn* 19 (1973), S. 304–320.

Strelka, Joseph: Robert Musils »Geschichte aus drei Jahrhunderten«, in: Gudrun Brokoph-Mauch (Hg.): *Beiträge zur Musil-Kritik*. Bern, Frankfurt a.M., New York 1983, S. 257–262.

Svandrlik, Rita: Selbstopfer und Selbsterniedrigung in Robert Musils Erzählung »Die Vollendung der Liebe«, in: Gudrun Kohn-Waechter (Hg.): *Schrift der Flammen. Opfermythen und Weiblichkeitsentwürfe im 20. Jahrhundert*. Berlin 1991, S. 112–128.

Tiebel, Ursula Ellen Ilse: *Robert Musils Wege zum ›Dichter-Theater‹*. Diss. Masch. Erlangen-Nürnberg 1978.

Tober, Karl: Robert Musils »Grigia«, in: Adolf Haslinger (Hg.): *Sprachkunst als Weltgestaltung. Festschrift für Herbert Seidler.* Salzburg, München 1966, S. 334–348.

Wilson, David Jack: *Rhetorical Imagery in the Narrative Prose Works of Robert Musil*. Urbana 1970.

Wucherpfennig, Wolf: »Tonka« oder die Angst vor Erkenntnis, in: Sebastian Goeppert (Hg.): *Perspektiven psychoanalytischer Literaturkritik*. Freiburg i.Br. 1978, S. 233–259.

Zehl-Romero, Christiane: Musils ›Letzte Liebesgeschichte‹, in: *DVjs* 52 (1978), S. 619–634.

Zeller, Hans: Prosagedicht oder Satire? Zum poetischen Stil des »Nachlaß zu Lebzeiten«, in: *Musil-Forum* 7 (1981), S. 65–74. [=1981c]

Zeller, Rosmarie: »Die Versuchung der stillen Veronika«. Eine Untersuchung ihres Bedeutungsaufbaus, in: *Sprachkunst* 12 (1981), S. 364–381. [=1981a]

Dies.: Zur Komposition von Musils »Drei Frauen«, in: *Beiträge zur Musil-Kritik*. Hgg. v. Gudrun Brokoph-Mauch. Bern, Frankfurt a. M., New York 1983, S. 25–48.

Dies.: Zur Modernität von Musils Erzählweise am Beispiel der Novellen »Vereinigungen« und »Drei Frauen«, in: *Musil-Forum* 7 (1981), S. 75–84. [=1981b]

Zobel, Klaus: *Textanalysen. Eine Einführung in die Interpretation moderner Kurzprosa*. Paderborn, München, Wien, Zürich 1985 (bes. S. 225 ff. u. S. 286 ff.).

Alt, Peter-André: *Ironie und Krise. Ironisches Erzählen als Form ästhe-tischer Wahrnehmung in Thomas Manns* »Der Zauberberg« *und Robert Musils* »Der Mann ohne Eigenschaften«. 2. veränderte Aufl. Frankfurt a.M., Bern, New York, Paris 1989.

Altmann, Volkmar: *Totalität und Perspektive. Zum Wirklichkeitsbegriff Robert Musils im* »Mann ohne Eigenschaften«. Frankfurt a.M., Berlin, Bern, New York, Paris, Wien 1992.

Arntzen, Helmut: *Musil-Kommentar zu dem Roman* »Der Mann ohne Eigenschaften«. München 1982.

Ders.: *Satirischer Stil. Zur Satire Robert Musils im* »Mann ohne Eigen-schaften«. 3. überarbeitete Aufl. Bonn 1983.

Aspetsberger, Friedbert: Zu Robert Musils historischer Stellung am Beispiel des Romans »Der Mann ohne Eigenschaften«, in: *Sprach-kunst* 4 (1973), S. 231–247.

Bausinger, Wilhelm: *Studien zu einer historisch-kritischen Ausgabe von Robert Musils Roman* »Der Mann ohne Eigenschaften«. Reinbek b. Hamburg 1964.

Beard, Philip H.: Clarisse und Moosbrugger vs. Ulrich/Agathe: der ›andere Zustand‹ aus neuer Sicht, in: *Modern Austrian Literature* 9, Nr. 3/4, (1976), S. 114–130.

Blasberg, Cornelia: *Krise und Utopie der Intellektuellen – Kulturkriti-sche Aspekte in Robert Musils Roman* »Der Mann ohne Eigen-schaften«. Stuttgart 1984.

Böhme, Hartmut: *Anomie und Entfremdung. Literatursoziologische Untersuchungen zu den Essays Robert Musils und seinem Roman* »Der Mann ohne Eigenschaften«. Kronberg/Ts. 1974.

Ders.: Theoretische Probleme der Interpretation von Robert Musils Roman »Der Mann ohne Eigenschaften«, in: *Musil-Forum* 2 (1976), S. 35–70.

Brosthaus, Heribert: Zur Struktur und Entwicklung des ›anderen Zustands‹ in Robert Musils Roman »Der Mann ohne Eigenschaf-ten«, in: *DVjs* 39 (1965), S. 388–440.

Burckhardt, Judith: »Der Mann ohne Eigenschaften« *von Robert Musil oder das Wagnis der Selbstverwirklichung*. Bern 1973.

Castex, Elisabeth: Militärischer und ziviler Geist. Zu Funktion und Entwicklung der Figur des Generals Stumm von Bordwehr in Robert Musils Roman »Der Mann ohne Eigenschaften«, in: *Öster-reich in Geschichte und Literatur* 21 (1977), S. 222–234.

Corino, Karl: Zerstückt und durchdunkelt. Der Sexualmörder Moos-brugger im »Mann ohne Eigenschaften« und sein Modell, in: *Musil-Forum* 10 (1984), S. 105–119.

Dettmering, Peter: Die Doppelgänger-Phantasie in Robert Musils »Der Mann ohne Eigenschaften«, in: *Literatur und Kritik* 15 (1980), S. 451–458.

Donald, David C.: *Inventing history: The aesthetic project of Robert Musil.* Diss. Masch. State University of New York at Buffalo 1985.

Dresler-Brumme, Charlotte: *Nietzsches Philosophie in Musils Roman* »Der Mann ohne Eigenschaften«. *Eine vergleichende Betrachtung als Beitrag zum Verständnis.* Frankfurt a. M. 1987.

Drevermann, Ingrid: Wirklichkeit und Mystik. Eine Untersuchung des ›anderen Zustands‹ in Robert Musils Roman »Der Mann ohne Eigenschaften«, in: Sybille Bauer, Ingrid Drevermann: *Studien zu Robert Musil.* Köln, Graz 1966, S. 121–242.

Ebrecht, Angelika: Der Verlust des Sozialen und die Gemeinschaft der Liebenden – Bemerkungen zum Phänomen der Stadt in Robert Musils Roman »Der Mann ohne Eigenschaften«, in: *DVjs* 60 (1986), S. 333–346.

Eisele, Ulf: Ulrichs Mutter ist *doch* ein Tintenfaß. Zur Literaturproblematik in Musils »Mann ohne Eigenschaften«, in: Renate von Heydebrand (Hg.): *Robert Musil.* Darmstadt 1982, S. 160–203.

Farda, Dieter P.: *mundus pluralis. Robert Musils Roman* »Der Mann ohne Eigenschaften« *im Wechselspiel von Reflexion und Phantasie.* Heidelberg 1988.

Feld, Willi: *Funktionale Satire durch Zitieren in Robert Musils Roman* »Der Mann ohne Eigenschaften«. *Mit Exkursen zu Büchner und Frisch.* Diss. Masch. Münster 1981.

Freese, Wolfgang: *Mystischer Moment und reflektierte Dauer. Zur epischen Funktion der Liebe im modernen deutschen Roman.* Göppingen 1969.

Frisé, Adolf: Von einer ›Geschichte dreier Personen‹ zum »Mann ohne Eigenschaften«, in: *Jahrbuch der deutschen Schillergesellschaft* 26 (1982), S. 428–444.

Fuder, Dieter: *Analogiedenken und anthropologische Differenz. Zu Form und Funktion der poetischen Logik in Robert Musils Roman* »Der Mann ohne Eigenschaften«. München 1979 (= *Musil-Studien,* Bd. 10).

Fuld, Werner: Die Quellen zur Konzeption des ›anderen Zustands‹ in Robert Musils Roman »Der Mann ohne Eigenschaften«, in: *DVjs* 50 (1976), S. 664–682.

Goltschnigg, Dietmar: Die Bedeutung der Formel ›Mann ohne Eigenschaften‹, in: Uwe Baur, Dietmar Goltschnigg (Hg.): *Vom* »Törleß« *zum* »Mann ohne Eigenschaften«. *Grazer Musil-Symposion 1972.* München, Salzburg 1973, S. 325–347. (= *Musil-Studien,* Bd. 4).

Ders.: *Mystische Tradition im Roman Robert Musils. Martin Bubers* »Ekstatische Konfessionen« *im* »Mann ohne Eigenschaften«. Heidelberg 1974.

Ders.: Robert Musil: »Der Mann ohne Eigenschaften« (1930ff.), in: *Deutsche Romane des 20. Jahrhunderts. Neue Interpretationen,* hgg. v. Paul Michael Lützeler. Königstein/Ts. 1983, S. 218–236.

Graf, Günther: *Studien zur Funktion des ersten Kapitels von Robert Musils Roman* »Der Mann ohne Eigenschaften«. *Ein Beitrag zur Unwahrhaftigkeits-Typik der Gestalten.* Göppingen 1969.

Graf, Werner: *Erfahrungskonstruktion. Eine Interpretation von Robert Musils Roman* »Der Mann ohne Eigenschaften«. Berlin 1981.

Hädecke, Wolfgang: Die Reise an den Rand des Möglichen. Wahnsinn und Verbrechen in Robert Musils Roman »Der Mann ohne Eigenschaften«, in: *Literatur und Kritik* 15 (1980), S. 301–309.

Hassler-Rütti, Ruth: *Wirklichkeit und Wahn in Robert Musils Roman* »Der Mann ohne Eigenschaften«. Bern, Frankfurt a. M., New York, Paris 1990.

Herzmann, Herbert: ›Hohlräume mit Revolutionszement ausfüllen‹ – Wohin führt der ›andere Zustand‹?, in: *Irish Studies in Modern Austrian Literature.* Ed. by G.J. Carr and Eda Sagarra. Dublin 1982, S. 31–50.

Heyd, Dieter: *Musil-Lektüre: der Text, das Unbewußte. Psychosemiologische Studien zu Robert Musils theoretischem Werk und zum Roman* »Der Mann ohne Eigenschaften«. Frankfurt a.M., Bern, Cirencester 1980.

Heydebrand, Renate v.: *Die Reflexionen Ulrichs in Robert Musils Roman* »Der Mann ohne Eigenschaften«. *Ihr Zusammenhang mit dem zeitgenössischen Denken.* 2. Aufl. Münster 1969.

Hochstätter, Dieter: *Sprache des Möglichen. Stilistischer Perspektivismus in Robert Musils* »Mann ohne Eigenschaften«. Frankfurt a.M. 1972.

Holmes, Alan: *Robert Musil* »Der Mann ohne Eigenschaften«. *An Examination of the Relationship between Author, Narrator and Protagonist.* Bonn 1978.

Hönig, Christoph: *Die Dialektik von Ironie und Utopie und ihre Entwicklung in Robert Musils Reflexionen. Ein Beitrag zur Deutung des Romans* »Der Mann ohne Eigenschaften«. Diss. Masch. Berlin 1970.

Honnef-Becker, Irmgard: Selbstreferentielle Strukturen in Robert Musils Roman »Der Mann ohne Eigenschaften«, in: *Wirkendes Wort* 44 (1994), S. 72–88.

Hörisch, Jochen: Selbstbeziehung und ästhetische Autonomie. Versuch über ein Thema der frühromantischen Poetologie und Musils »Mann ohne Eigenschaften«, in: *Euphorion* 69 (1975), S. 350–361.

Hüppauf, Bernd-Rüdiger: *Von sozialer Utopie zur Mystik. Zu Robert Musils* »Der Mann ohne Eigenschaften«. München 1971. (= *Musil-Studien*, Bd. 1).

Jäßl, Gerolf: *Mathematik und Mystik in Robert Musils Roman* »Der Mann ohne Eigenschaften«. *(Eine Untersuchung über das Weltbild Ulrichs).* München 1963.

Kühn, Dieter: *Analogie und Variation. Zur Analyse von Robert Musils Roman* »Der Mann ohne Eigenschaften«. Bonn 1965.

Kühne, Jörg: *Das Gleichnis. Studien zur inneren Form von Robert Musils Roman* »Der Mann ohne Eigenschaften«. Tübingen 1968.

Laermann, Klaus: *Eigenschaftslosigkeit. Reflexionen zu Musils Roman* »Der Mann ohne Eigenschaften«. Stuttgart 1970.

Ledauff, Susanne: Bildungsroman versus Großstadtroman. Thesen zum Konflikt zweier Romanstrukturen, dargestellt am Beispiel von Döblins »Berlin Alexanderplatz«, Rilkes »Aufzeichnungen des Malte Laurids Brigge« und Musils »Mann ohne Eigenschaften«, in: *Sprache im technischen Zeitalter* 78 (1981), S. 85–114.

Marschner, Renate M.: *Utopie der Möglichkeit: Ästhetische Theorie dargestellt am* »Mann ohne Eigenschaften« *von Robert Musil.* Stuttgart 1981.

Menges, Martin: *Abstrakte Welt und Eigenschaftslosigkeit. Eine Interpretation von Robert Musils Roman* »Der Mann ohne Eigenschaften« *unter dem Leitbegriff der Abstraktion.* Frankfurt a. M. 1982.

Mozetič, Gerald: »Der Mann ohne Eigenschaften« und die Zwänge der Moderne. Ein soziologischer Beitrag aus zivilisationstheoretischer Perspektive, in: Helmuth Kuzmics, Ingo Mörth (Hg.): *Der unendliche Prozeß der Zivilisation. Zur Kultursoziologie der Moderne nach Norbert Elias.* Frankfurt a. M., New York 1991, S. 153–171.

Mühlberger, Sigrid: *Robert Musils Studienmaterial zur Reinschrift des Kapitels ›52. Atemzüge eines Sommertags‹. Synoptische Transkription und Auswertung der ›Korrekturen IX-XIII‹.* Diss. Masch. Wien 1975.

Müller, Gerd: *Dichtung und Wissenschaft. Studien zu Robert Musils Romanen* »Die Verwirrungen des Zöglings Törless [!]« *und* »Der Mann ohne Eigenschaften«. Uppsala 1971.

Müller, Gerhard: *Die drei Utopien Ulrichs in Robert Musils* »Mann ohne Eigenschaften«. Diss. Masch. Wien 1957.

Müller, Götz: Die Philosophierezeption Robert Musils, in: *Literatur und Philosophie.* Hgg. v. Bjorn Ekmann, Borge Kristiansen, Friedrich Schmöe. Kopenhagen, München 1983, S. 76–100 (= *Text und Kontext Sonderreihe,* Bd. 16).

Ders.: *Ideologiekritik und Metasprache in Robert Musils Roman* »Der Mann ohne Eigenschaften«. München, Salzburg 1972. (= *Musil-Studien,* Bd. 2).

Ders.: Isis und Osiris. Die Mythen in Robert Musils Roman »Der Mann ohne Eigenschaften«, in: *Zeitschrift für Deutsche Philologie* 102 (1983), S. 583–604.

Ders.: Zur Entwicklungsgeschichte von Robert Musils Roman »Der Mann ohne Eigenschaften«. Folgerungen aus der neuen Edition, in: *Zeitschrift für Deutsche Philologie* 98 (1979), S. 524–543.

Müller-Dietz, Heinz: ›Die ruhende Einrichtung des Rechts‹. Recht und Rechtsdenken in Musils »Mann ohne Eigenschaften«, in: Ders.: *Grenzüberschreitungen. Beiträge zur Beziehung zwischen Literatur und Recht.* Baden-Baden 1990, S. 456–472.

Ders.: Moosbrugger, ein Mann mit Eigenschaften, oder: Strafrecht und Psychiatrie in Musils »Mann ohne Eigenschaften«, in: *Neue Juristische Wochenschrift* Heft 20 (1992), S. 1276–1284.

Nadermann, Peter: *Schreiben als anderes Leben. Eine Untersuchung zu Robert Musils Roman* »Der Mann ohne Eigenschaften«. Frankfurt a. M., Bern, New York, Paris 1990.

Neusiedler, Peter: *Robert Musils* »Der Mann ohne Eigenschaften«. *Die Kategorie der Einzelheit*. Diss. Masch. Wien 1961.

Payne, Philip: *Robert Musil's* »The Man without Qualities«. *A Critical Study*. Cambridge 1988.

Ders.: Robert Musil's Reality – A study of some aspects of ›Wirklichkeit‹ in »Der Mann ohne Eigenschaften«, in: *Forum for Modern Language Studies* 12 (1976), S. 314–328.

Pennisi, Francesca: *Auf der Suche nach Ordnung. Die Entstehungsgeschichte des Ordnungsgedankens bei Robert Musil von den ersten Romanentwürfen bis zum ersten Band von* »Der Mann ohne Eigenschaften«. St. Ingbert 1990.

Pentecost, Gislind Erna Pietsch: *Clarisse: Analyse der Gestalt in Robert Musils Roman* »Der Mann ohne Eigenschaften«. Diss. Mikrofiche. Purdue University 1990.

Peyret, Jean-François: Von jenen, die auszogen, den »Mann ohne Eigenschaften« zu verstehen. Zu Musils fragwürdiger Aktualität, in: Uwe Baur, Elisabeth Castex (Hg.): *Robert Musil. Untersuchungen*. Königstein/Ts. 1980, S. 31–45.

Pfeiffer, Peter C.: *Aphorismus und Romanstruktur. Zu Robert Musils* »Der Mann ohne Eigenschaften«. Bonn 1990.

Puppe, Heinrich: *Muße und Müßiggang in Robert Musils Roman* »Der Mann ohne Eigenschaften«. St. Ingbert 1991.

Rasch, Wolfdietrich: *Über Robert Musils Roman* »Der Mann ohne Eigenschaften«. Göttingen 1967.

Reinhardt, Stephan: *Studien zur Antinomie von Intellekt und Gefühl in Musils Roman* »Der Mann ohne Eigenschaften«. Bonn 1969.

Reis, Gilbert: Eine Brücke ins Imaginäre. Gleichnis und Reflexion in Musils »Der Mann ohne Eigenschaften«, in: *Euphorion* 78 (1984), S. 143–159.

Rentsch, Thomas: Wie ist ein Mann ohne Eigenschaften überhaupt möglich? Philosophische Bemerkungen zu Musil, in: *Paradigmen der Moderne*. Ed. by Helmut Bachmaier. Amsterdam, Philadelphia 1990, S. 50–76.

Rinderknecht, Siegfried: *Denkphantasie und Reflexionsleidenschaft. Musils Formsynthese im Roman* »Der Mann ohne Eigenschaften«. Frankfurt a.M. 1979.

Schärer, Hans-Rudolf: *Narzißmus und Utopismus. Eine literaturpsychologische Untersuchung zu Robert Musils Roman* »Der Mann ohne Eigenschaften«. München 1990.

Schmitz, Dietmar Bernard: *Literatur und Lebenspraxis. Eine Studie zum gesellschaftlichen Inhalt von Robert Musils Roman* »Der Mann ohne Eigenschaften« *anhand der Titelfigur Ulrich*. Saarbrücken 1981.

Schreiter, Ekkehard: *Verkehr bei Robert Musil. Identität der Form und Formen der Identität im* »Mann ohne Eigenschaften«. Opladen 1994.

Seeger, Lothar Georg: *Die Demaskierung der Lebenslüge. Eine Unter-*

suchung zur Krise der Gesellschaft in Robert Musils »Der Mann ohne Eigenschaften«. Bern, München 1969.

Strutz, Josef: *Politik und Literatur in Musils* »Mann ohne Eigenschaften«. *Am Beispiel des Dichters Feuermaul.* Königstein/Ts. 1981.

Tewilt, Gerd-Theo: *Zustand der Dichtung. Interpretationen zur Sprachlichkeit des »anderen Zustands« in Robert Musils* »Der Mann ohne Eigenschaften«. Münster 1990.

Titche, Leon L.: The Concept of the Hermaphrodite: Agathe and Ulrich in Musils Novel »Der Mann ohne Eigenschaften«, in: *German Life and Letters* 23 (1969/70), S. 160–168.

Venturelli, Aldo: *Robert Musil und das Projekt der Moderne.* Frankfurt a.M., Bern, New York, Paris 1988.

Völse, Hans-Joachim: *Im Labyrinth des Wissens. Zu Robert Musils Roman* »Der Mann ohne Eigenschaften«. Wiesbaden 1990.

Wicht, Gérard: ›*Gott meint die Welt keineswegs wörtlich‹. Zum Gleichnisbegriff in Robert Musils Roman* »Der Mann ohne Eigenschaften«. Bern, Frankfurt a.M., New York 1984.

Wieczorek-Mair, Hedwig: Musils Roman »Der Mann ohne Eigenschaften« in der zeitgenössischen Kritik, in: Uwe Baur, Elisabeth Castex (Hg.): *Robert Musil. Untersuchungen.* Königstein/Ts. 1980, S. 10–30.

Deutungsaspekte zu Leben und Werk

Albertsen, Elisabeth: Ea oder die Freundin bedeutender Männer. Porträt einer Wiener Kaffehaus-Muse, in: *Musil-Forum* 5 (1979), S. 21–37 u. 135–153.

Dies.: Jugendsünden? Die literarischen Anfänge Musils (mit unbekannten Texten), in: Karl Dinklage (Hg.): *Robert Musil. Studien zu seinem Werk.* Reinbek b. Hamburg 1970, S. 9–25.

Dies.: *Ratio und ›Mystik‹ im Werk Robert Musils.* München 1968.

Aler, Jan: Als Zögling zwischen Maeterlinck und Mach. Robert Musils literarisch-philosophische Anfänge, in: Fritz Martini (Hg.): *Probleme des Erzählens in der Weltliteratur.* Stuttgart 1971, S. 234–290.

Aue, Maximilian Alfred Edward: *Novalis und Musil: Eine Untersuchung der romantischen Elemente im Werk Robert Musils.* Diss. Masch. Stanford 1973.

Bachmann, Dieter: *Essay und Essayismus.* Stuttgart, Berlin, Köln, Mainz 1969.

Barnouw, Dagmar: Literat und Literatur: Robert Musils Beziehung zu Franz Blei, in: *Modern Austrian Literature* 9 (1976), S. 168–199.

Bartsch, Kurt: Ingeborg Bachmanns Wittgenstein- und Musil-Rezeption, in: Heinz Rupp, Hans-Gert Roloff (Hg.): *Akten des VI. Internationalen Germanisten-Kongresses Basel 1980.* Teil 4. Bern, Frankfurt a.M., Las Vegas 1980, S. 527–532.

Bausinger, Wilhelm: Robert Musil und die Ablehnung des Expressionismus, in: *Studi Germanici* 3 (1965), S. 383–389.

Bey, Gesine: »Bei mir laudabile«. Zu Robert Musils Berliner Studienjahren, in: *Wissenschaftliche Zeitschrift der Humboldt-Universität zu Berlin, Reihe Gesellschaftswissenschaften* 38/6 (1989), S. 659–666.

Blasberg, Cornelia: *Verwirrungen eines Ingenieurs. Robert Musil in Stuttgart 1902–1903.* Marbach a.N. 1989.

Böhme, Hartmut: Die ›Zeit ohne Eigenschaften‹ und die ›Neue Unübersichtlichkeit‹. Robert Musil und die posthistoire, in: Josef Strutz (Hg.): *Kunst, Wissenschaft und Politik von Robert Musil bis Ingeborg Bachmann.* München 1986, S. 9–33 (= *Musil-Studien*, Bd. 14).

Bohn, Ralf: *Transversale Inversion. Symptomatologie und Genealogie des Denkens in der Philosophie Robert Musils.* Würzburg 1988.

Bolterauer, Aloisia: *Die literarischen Essays Robert Musils und Hermann Brochs. Eine gattungstheoretische Analyse.* Diss. Masch. Graz 1991.

Bonacchi, Silvia: *Robert Musils Studienjahre in Berlin 1903–1908.* Saarbrücken 1992. (= *Musil-Forum*, Beilage 1).

Bouveresse, Jacques: Robert Musil, la philosophie de la vie et les illusions de l'action parallèle, in: *Revue d'Esthétique* 9 (1985), S. 119–139.

Brosthaus, Heribert: Robert Musils ›wahre Antithese‹, in: *Wirkendes Wort* 14 (1964), S. 120–140.

Büren, Erhard v.: *Zur Bedeutung der Psychologie im Werk Robert Musils.* Zürich, Freiburg i.Br. 1970.

Cambi, Fabrizio: Musil und der Expressionismus, in: Joseph Strutz (Hg.): *Robert Musil und die kulturellen Tendenzen seiner Zeit. Internationales Robert-Musil-Sommerseminar 1982.* München, Salzburg 1983, S. 59–73.

Castex-Rieger, Elisabeth: Musil in Frankreich: Verbreitung, kritische Aufnahme, Wirkung, in: *Literatur und Kritik* 9 (1974), S. 381–389.

Cellbrot, Hartmut: *Die Bewegung des Sinnes. Zur Phänomenologie Robert Musils im Hinblick auf Edmund Husserl.* München 1988. (= *Musil-Studien*, Bd. 17).

Corino, Karl: Ödipus oder Orest? Robert Musil und die Psychoanalyse, in: Uwe Baur, Dietmar Goltschnigg (Hg.): *Vom »Törleß« zum »Mann ohne Eigenschaften«. Grazer Musil-Symposion 1972.* München, Salzburg 1973, S. 123–235. (= *Musil-Studien*, Bd. 4).

Ders.: *Robert Musil – Thomas Mann. Ein Dialog.* Pfullingen 1971.

Ders.: Robert Musil und Alfred Kerr. Der Dichter und sein Kritiker, in: Karl Dinklage (Hg.): *Robert Musil. Studien zu seinem Werk.* Reinbek b. Hamburg 1970, S. 236–283.

Cremerius, Johannes: Robert Musil. Das Dilemma eines Schriftstellers vom Typus ›poeta doctus‹ nach Freud, in: *Psyche* 33 (1979), S. 734–772.

Daigger, Annette: Musils politische Haltung in seinen frühen Essays, in: Gudrun Brokoph-Mauch (Hgg.): *Robert Musil. Essayismus und Ironie.* Tübingen 1992, S. 75–89.

Danner, Karl Heinz: Der unbehauste Dichter: Zur Rezeption Robert Musils in Holland 1930–1938, in: Hans Würzner (Hg.): *Zur deutschen Exilliteratur in den Niederlanden 1933 – 1940.* Amsterdam 1977, S. 253–270.

Dettmering, Peter: Das regressive Moment in der Dichtung Robert Musils, in: Ders.: *Literatur, Psychoanalyse, Film. Aufsätze 1978 bis 1983.* Stuttgart-Bad Cannstatt 1984, S. 56–72.

Diersch, Manfred: *Empiriokritizismus und Impressionismus. Über Beziehungen zwischen Philosophie, Ästhetik und Literatur um 1900 in Wien.* Berlin 1973.

Ego, Werner: *Abschied von der Moral. Eine Rekonstruktion der Ethik Robert Musils.* Freiburg/Schweiz 1992.

Erhart, Claus: *Der ästhetische Mensch bei Robert Musil. Vom Ästhetizismus zur schöpferischen Moral.* Innsbruck 1991.

Erickson, Susan: Essay, body, fiction: the repression of an interpretive context in an essay of Robert Musil, in: *The German Quarterly* 56 (1983), S. 580–593.

Fietkau, Wolfgang: Stand-Ort und Un-Ort. Wissenschaftserkenntnis in der literarischen Transkription Robert Musils und Carl Schmitts, in: *Wissenschaftskolleg zu Berlin Jahrbuch 1982/83,* hgg. v. Peter Wapnewski, S. 131–152.

Frank, Manfred: Auf der Suche nach einem Grund. Über den Umschlag von Erkenntniskritik in Mythologie bei Musil, in: *Mythos und Moderne. Begriff und Bild einer Rekonstruktion.* Hgg. v. Karl Heinz Bohrer. Frankfurt a.M. 1983, S. 318–362.

Ders.: Erkenntniskritische, ästhetische und mythologische Aspekte der ›Eigenschaftslosigkeit‹ in Musils Roman, in: *Revue de Théologie et de Philosophie* 113 (1981), S. 241–257.

Fuld, Werner: Der Schwierige. Zu Verlagsproblemen Robert Musils, in: *Text + Kritik* 21/22 (1983), 3. Aufl., Neufassung, S. 44–62.

Fürst, Bruno: Die Wiener Musil-Gesellschaft 1934–1938, in: Karl Dinklage (Hg.): *Robert Musil. Leben, Werk, Wirkung.* Zürich, Leipzig, Wien 1960, S. 237–281.

Gahn, Renate: *Musil und Nietzsche. Zum Problem von Kunst und Erkenntnis.* Mainz 1980.

Genno, Charles N.: Observations on Love and Death in Musil, in: *Neophilologus* 67 (1983), S. 118–125.

Ders.: The Nexus between Mathematics and Reality and Phantasy in Musil's Works, in: *Neophilologus* 70 (1986), S. 270–278.

Goltschnigg, Dietmar: Zur literarischen Musil-Rezeption der Gegenwart, in: Kurt Bartsch u.a. (Hg.): *Die andere Welt. Aspekte der österreichischen Literatur des 19. und 20. Jahrhunderts. Festschrift für Hellmuth Himmel zum 60. Geburtstag.* Bern, München 1979, S. 297–310.

Gradischnig, Hertwig: *Das Bild des Dichters bei Robert Musil.* München, Salzburg 1976. (= *Musil-Studien,* Bd. 6).

Hagmann, Franz: *Aspekte der Wirklichkeit im Werke Robert Musils.* Bern 1969.

Hall, Murray G.: Robert Musil und der Schutzverband deutscher Schriftsteller in Österreich, in: *Österreich in Geschichte und Literatur* 21 (1977), S. 202–221.

Hall, Murray Gordon: *Tier und Tiermotivik im Prosawerk Robert Musils.* Diss. Masch. Wien 1975. [=1975b]

Henninger, Peter: Auge und Blick. Notationen zum Sehvorgang in Texten Robert Musils, in: Dieter P. Farda, Ulrich Karthaus (Hg.): *Sprachästhetische Sinnvermittlung. Robert Musil Symposion Berlin 1980.* Frankfurt a. M., Bern 1982, S. 86–96.

Ders.: *Der Buchstabe und der Geist. Unbewußte Determinierung im Schreiben Robert Musils.* Frankfurt a. M., Bern, Cirencester 1980.

Ders.: ›Wissenschaft‹ und ›Dichtung‹ bei Musil und Freud, in: *Modern Language Notes* 94 (1979), S. 541–568.

Herwig, Dagmar: *Der Mensch in der Entfremdung. Studien zur Entfremdungsproblematik anhand des Werkes von Robert Musil.* München 1972.

Herzmann, Herbert: Der Tormann Moosbrugger. Über Musil und Handke, in: *Wirkendes Wort* 34 (1984), S. 67–76.

Hickmann, Hannah: Der junge Musil und R. W. Emerson, in: *Musil-Forum* 6 (1980), S. 3–13.

Dies.: *Robert Musil and the Literary Landscape of his Time.* Salford 1991.

Hoffmeister, Werner: *Studien zur erlebten Rede bei Thomas Mann und Robert Musil.* The Hague, London, Paris 1965.

Howald, Stefan: *Ästhetizismus und ästhetische Ideologiekritik. Untersuchungen zum Romanwerk Robert Musils.* München 1984. (= *Musil-Studien,* Bd. 9).

Huber, Lothar: *Die Frauengestalten im Werk Robert Musils.* Diss. Masch. Innsbruck 1965.

Huber, Lothar, John J. White (Ed.): *Musil in Focus. Papers from a Centenary Symposium.* London 1982.

Hüppauf, Bernd: Robert Musil in Paris. Robert Musils Rede auf dem Kongreß zur Verteidigung der Kultur (1935) im Zusammenhang seines Werkes, in: *Zeitschrift für Germanistik, Neue Folge,* 1 (1991), S. 55–69.

Kaizik, Jürgen: *Die Mathematik im Werk Robert Musils – Zur Rolle des Rationalismus in der Kunst.* Wien 1980.

Karthaus, Ulrich: *Der andere Zustand. Zeitstrukturen im Werke Robert Musils.* Berlin 1965.

Kieser, Rolf: Das ontologische Kunststück: Robert Musil, in: Ders.: *Erzwungene Symbiose. Thomas Mann, Robert Musil, Georg Kaiser und Bertolt Brecht im Schweizer Exil.* Stuttgart 1984, S. 83–190.

Kim, Rae-Hyeon: *Robert Musil. Poetologische Reflexionen zur Geschichtlichkeit der Literatur.* Bonn 1986.

Kimpel, Dieter: ›Beiträge zur geistigen Bewältigung der Welt ...‹. Über den Romanbegriff Robert Musils, in: Reinhold Grimm (Hg.): *Deutsche Romantheorien. Beiträge zu einer historischen Poetik des Romans in Deutschland.* Frankfurt a. M., Bonn 1968, S. 374–395.

Kucher, Primus-Heinz: Literarische Reflexionen auf die politische Wirklichkeit in Österreich in den 20er Jahren des 20. Jahrhunderts, in: *Robert Musil und die kulturellen Tendenzen seiner Zeit*. Hgg. v. Josef Strutz. München 1983, S. 74–92.

Lahme-Gronostaj, Hildegard: *Einbildung und Erkenntnis bei Robert Musil und im Verständnis der »Nachbarmacht« Psychoanalyse*. Würzburg 1991.

Leitgeb, Christoph: *Gattungspoetik bei Robert Musil: Drama und Novelle in Theorie und Praxis*. Diss. Masch. Salzburg 1989.

Lepinis, Asta Helena: *Der Kritiker Robert Musil*. Diss. Masch. Yale 1970.

Luserke, Matthias: Gestalt- und gegenstandstheoretische Implikate im Denken Robert Musils, in: *Gestalt Theory* 10/4 (1988), S. 274–289.

Ders.: »Gut und glückselig?« Ein unbekanntes Textfragment von Robert Musil, in: *Jahrbuch der deutschen Schillergesellschaft* 31 (1987), S. 53–71. [=1987a]

Ders.: Joyce und Musil. Über einige Schwierigkeiten des Vergleichens, in: *duitse kroniek* 39/2–4 (1989), S. 42–58.

Ders.: Möglichkeit und Wirklichkeit. Robert Musil und Nicolai Hartmann, in: *Musil-Forum* 10 (1984), S. 138–141.

Ders.: *Wirklichkeit und Möglichkeit. Modaltheoretische Untersuchung zum Werk Robert Musils*. Frankfurt a. M., Bern, New York, Paris 1987. [=1987b]

Mach, Ernst: *Die Analyse der Empfindungen und das Verhältnis des Physischen zum Psychischen*. Mit einem Vorwort zum Neudruck v. Gereon Wolters. [Nachdr. der 9. Aufl., Jena 1922]. Darmstadt 1985.

Ders.: *Erkenntnis und Irrtum. Skizzen zur Psychologie der Forschung*. [Unveränd. reprograf. Nachdr. der 5., mit der 4. übereinstimmenden Aufl., Leipzig 1926]. Darmstadt 1980.

Mae, Michiko: *Motivation und Liebe. Zum Strukturprinzip der Vereinigung bei Robert Musil*. München 1988 (= *Musil-Studien*, Bd. 16).

Magris, Claudio: Ein grenzenloser Kataster des Fragmentarischen: Musils Tagebücher, in: Kurt Bartsch u.a. (Hg.): *Die andere Welt. Aspekte der österreichischen Literatur des 19. und 20. Jahrhunderts. Festschrift für Hellmuth Himmel zum 60. Geburtstag*. Bern, München 1979, S. 291–295.

Maier, Anna: *Franz Kafka und Robert Musil als Vertreter der ethischen Richtung des modernen Romans*. Diss. Masch. Wien 1949.

Maier-Solgk, Frank: Musil und die problematische Politik. Zum Verhältnis von Literatur und Poltik bei Robert Musil, insbesondere zu einer Auseinandersetzung mit Carl Schmitt, in: *Orbis Litterarum* 46 (1991), S. 340–363.

Ders.: *Sinn für Geschichte. Ästhetische Subjektivität und historiologische Reflexion bei Robert Musil*. München 1992 (= *Musil-Studien*, Bd. 22).

Marko, Kurt: *Robert Musil und das zwanzigste Jahrhundert*. Diss. Masch. Wien 1952.

Mayer König, Wolfgang: *Robert Musils Möglichkeitsstil*. Wien 1979.

Mayer, Hans: Zwei Städtebewohner: Robert Musil und Thomas Mann. Zur Interpretation ihrer Tagebücher, in: *Literatur und Kritik* 15 (1980), S. 579–588.

Meisel, Gerhard: *Liebe im Zeitalter der Wissenschaften vom Menschen. Das Prosawerk Robert Musils*. Opladen 1991.

Meister, Monika: Robert Musil als früher Kritiker der ›Kulturindustrie‹, in: *Musil-Forum* 6 (1980), S. 157–170.

Dies.: Robert Musils Zeitgenossen im Spiegel seiner Kritik, in: *Maske und Kothurn* 26 (1980), S. 271–285.

Menges, Karl: ›Eigen-Schaften‹ und ›Aller-Schaften‹ Anmerkungen zu Musil und Rilke, in: *Musil-Forum* 8 (1982), S. 120–134.

Ders.: Robert Musil und Edmund Husserl. Über phänomenologische Strukturen im »Mann ohne Eigenschaften«, in: *Modern Austrian Literature* 9 (1976), S. 131–154.

Monti, Claudia: Funktion und Fiktion. Die Mach-Dissertation Robert Musils in den Jahren zwischen den »Verwirrungen des Zöglings Törleß« und den Essays, in: *Musil-Forum* 5 (1979), S. 38–67 u. 154–183.

Müller-Dietz, Heinz: (Ich-)Identität und Verbrechen. Zur literarischen Rekonstruktion psychiatrischen und juristischen Wissens von der Zurechnungsfähigkeit in Texten Döblins und Musils, in: *Die Modernisierung des Ich. Studien zur Subjektkonstitution in der Vor- und Frühmoderne*. Hgg. v. Manfred Pfister. Passau 1989, S. 240–253.

Mulot, Sibylle: *Der junge Musil. Seine Beziehung zu Literatur und Kunst der Jahrhundertwende*. Stuttgart 1977.

Neveux, Jean B.: Robert Musil, ›Jugendstil‹ et ›Sezession‹, in: *Études Germaniques* 23 (1968), S. 582–599 u. 24 (1969), S. 36–47.

Nusser, Peter: *Musils Romantheorie*. Paris 1967.

Nyíri, J.C.: Zwei geistige Leitsterne: Musil und Wittgenstein, in: *Literatur und Kritik* 113 (1977), S. 167–179.

Obermayer, August: Robert Musil als Journalist und Essayist, in: *Jahrbuch für Internationale Germanistik* 8 (1976), S. 34–46.

Paris 1935. Erster Internationaler Schriftstellerkongreß zur Verteidigung der Kultur. Reden und Dokumente. Mit Materialien der Londoner Schriftstellerkonferenz 1936. Einleitung und Anhang von Wolfgang Klein. Berlin 1982.

Paulson, Ronald M.: *Robert Musil and the ineffable: hieroglyph, myth, fairy tale and sign*. Stuttgart 1982.

Payne, Philip: Robert Musil, von innen gesehen. Betrachtungen zu den Tagebüchern, in: *Musil-Forum* 6 (1980), S. 227–238.

Pekar, Thomas: *Die Sprache der Liebe bei Robert Musil*. München 1989. (= *Musil-Studien*, Bd. 19).

Peters, Frederick George: *Musil and Nietzsche. A Literary Study of a Philosophical Relationship*. Diss. Masch. Cambridge 1970.

Ders.: *Robert Musil. Master of the Hovering Life. A Study of the Major Fiction.* New York 1978.

Philologie und Kritik. Klagenfurter Vorträge zur Musil-Forschung. Hgg. u. eingeleitet v. Wolfgang Freese. München, Salzburg 1981. (= *Musil-Studien*, Bd. 7).

Pietsch, Reinhard: *Fragment und Schrift. Selbstimplikative Strukturen bei Robert Musil.* Frankfurt a. M., Bern, New York, Paris 1988.

Pott, Hans-Georg (Hg.): *Robert Musil – Dichter, Essayist, Wissenschaftler.* München 1993 (= *Musil-Studien*, Bd. 8).

Reinhardt, Stephan: Jahre ohne Synthese. Anmerkungen zu den Essays Robert Musils, in: *Text + Kritik* 21/22 (1972), 2. Aufl., S. 40–48.

Reis, Gilbert: *Musils Frage nach der Wirklichkeit.* Königstein/Ts. 1983.

Ders.: Perspektivische Verkürzung des Verstandes. Wirklichkeitsdarstellung unter dem Gesichtspunkt der Subjektivität, in: *Euphorion* 81 (1987), S. 119–130.

Reniers-Servranckx, Annie: *Robert Musil. Konstanz und Entwicklung von Themen, Motiven und Strukturen in den Dichtungen.* Bonn 1972.

Riemer, Werner R.: *Die Metaphorik Robert Musils.* Diss. Masch. Salzburg 1969.

Roth, Marie-Louise: *Gedanken und Dichtung. Essays zu Robert Musil.* Saarbrücken 1987.

Ryan, Judith: Die andere Psychologie. Ernst Mach und die Folgen, in: Wolfgang Paulsen (Hg.): *Österreichische Gegenwart. Die moderne Literatur und ihr Verhältnis zur Tradition.* Bern, München 1980, S. 11–24.

Rzehak, Wolfgang: *Musil und Nietzsche: Beziehungen der Erkenntnisperspektiven.* Frankfurt a. M. 1993.

Schaffnit, Hans-Wolfgang: *Mimesis als Problem. Studien zu einem ästhetischen Begriff der Dichtung aus Anlaß Robert Musils.* Berlin 1971.

Scheller, Wolf: Der Dichter des ›Könnte auch so anfangen...‹. Robert Musils »Briefe 1901 bis 1942«, in: *Text + Kritik* 21/22 (1983), 3. Aufl., Neufassung, S. 76–85.

Schelling, Ulrich: *Identität und Wirklichkeit bei Robert Musil.* Zürich, Freiburg i. Br. 1968.

Schiller, Dieter: ›Die Grenze der Kultur gegen die Politik‹. Zu Robert Musils Rede auf dem Pariser Kongreß 1935, in: *Zeitschrift für Germanistik* 9 (1988), S. 274–290.

Schmidt, Jochen: *Ohne Eigenschaften. Eine Erläuterung zu Musils Grundbegriff.* Tübingen 1975.

Schmölzer, Hildegund: *Die Propaganda des Kriegspressequartiers im ersten Weltkrieg 1914–1918.* Diss. Masch. Wien 1965.

Schöne, Albrecht: Zum Gebrauch des Konjunktivs bei Robert Musil, in: *Euphorion* 55 (1961), S. 196–220.

Schrader, Monika: *Mimesis und Poiesis. Poetologische Studien zum Bildungsroman.* Berlin, New York 1975.

Schramm, Ulf: *Fiktion und Reflexion. Überlegungen zu Musil und Beckett.* Frankfurt a.M. 1967.

Schröder-Werle, Renate: Zur Vorgeschichte der Musil-Rezeption nach 1945. Hinweise zur Wiederentdeckung, in: *Musil-Forum* 1 (1975), S. 226–246.

Seidler, Ingo: Das Nietzschebild Robert Musils, in: *DVjs* 39 (1965), S. 329–349.

Sera, Manfred: *Utopie und Parodie bei Musil, Broch und Thomas Mann.* »Der Mann ohne Eigenschaften«, »Die Schlafwandler«, »Der Zauberberg«. Bonn 1969.

Sokel, Walter H.: Robert Musil und die Existenzphilosophie Jean-Paul Sartres. Zum ›existenzphilosophischen Bildungsroman‹ Musils und Sartres, in: Jürgen Brummack u.a. (Hg.): *Literaturwissenschaft und Geistesgeschichte. Festschrift für Richard Brinkmann.* Tübingen 1981, S. 658–691.

Stefanek, Paul: Illusion, Ekstase, Erfahrung. Zu Robert Musils Essay »Ansätze zu neuer Ästhetik«, in: *Modern Austrian Literature* 9 (1976), S. 155–167.

Strelka, Joseph: Stadt und Urbanität bei Robert Musil, in: *Literatur und Kritik* 15 (1980), S. 561–569.

Strutz, Josef (Hg.): *Robert Musil und die kulturellen Tendenzen seiner Zeit. Internationales Robert-Musil-Sommerseminar 1982.* München, Salzburg 1983. (= *Musil-Studien*, Bd. 11).

Strutz, Josef u. Johann (Hg.): *Robert Musil – Literatur, Philosophie und Psychologie.* München, Salzburg 1984. (= *Musil-Studien*, Bd. 12).

Strutz, Josef u. Johann (Hg.): *Robert Musil – Theater, Bildung, Kritik.* München 1985. (= *Musil-Studien*, Bd. 13).

Thöming, Jürgen C.: *Zur Rezeption von Musil- und Goethe-Texten. Historizität der ästhetischen Vermittlung von sinnlicher Erkenntnis und Gefühlserlebnissen.* München, Salzburg 1974. (= *Musil-Studien*, Bd. 3).

Thurnhofer, Hubert: *Musil als Philosoph oder die Vivifikation des PduG.* Wien 1987.

Tiebel, Ursula: *Theater von außen. Robert Musil als Kritiker.* Rheinfelden 1980.

Titche, Leon L.: Isis und Osiris: An Interpretation of Robert Musil's Poem, in: *Kentucky Foreign Language Quarterley* 13 (1966), S. 165–169.

Venturelli, Aldo: Die Kunst als fröhliche Wissenschaft. Zum Verhältnis Musils zu Nietzsche, in: *Nietzsche-Studien* 9 (1980), S. 302–337.

Wächter, Otto: Die Restaurierung und Erhaltung des Nachlasses von Robert Musil, in: *Musil-Forum* 2 (1976), S. 203–209.

Wagner-Egelhaaf, Martina: ›Anders ich‹ oder: Vom Leben im Text. Robert Musils Tagebuch-Heft 33, in: *DVjs* 65 (1991), S. 152–173.

Wallner, Friedrich: Musil als Philosoph, in: Joseph Strutz (Hg.): *Robert Musil und die kulturellen Tendenzen seiner Zeit. Internatio-*

nales Robert-Musil-Sommerseminar 1982. München, Salzburg 1983, S. 93–109.

Weiss, Walter: Stilistik und Textlinguistik am Beispiel eines Textes von Robert Musil, in: *Akten des VII. Internationalen Germanisten-Kongresses Göttingen 1985. Kontroversen, alte und neue.* Hgg. v. Albrecht Schöne. Tübingen 1986, Bd. 1, S. 103–112.

Weissberg, Liliane: Versuch einer Sprache des Möglichen: Zum Problem des Erzählens bei Robert Musil, in: *DVjs* 54 (1980), S. 464–484.

Wiegmann, Hermann: Musils Utopiebegriff und seine literaturtheoretischen Konsequenzen, in: Gert Ueding (Hg.): *Literatur ist Utopie.* Frankfurt a.M. 1978, S. 309–334.

Wilkins, Eithne, Ernst Kaiser: Monstrum in animo. Bemerkungen zu einem bisher im Original unveröffentlichten Manuskript aus dem Nachlaß Robert Musils, in: *DVjs* 37 (1963), S. 78–119.

Dies., ders.: Musil und die Quadratwurzel aus minus Eins, in: Karl Dinklage (Hg.): *Robert Musil. Leben, Werk, Wirkung.* Zürich, Leipzig, Wien 1960, S. 157–174.

Willemsen, Roger: *Das Existenzrecht der Dichtung. Zur Rekonstruktion einer systematischen Literaturtheorie im Werk Robert Musils.* München 1984.

Ders.: Dionysisches Sprechen. Zur Theorie einer Sprache der Erregung bei Musil und Nietzsche, in: *DVjs* 60 (1986), S. 104–135.

Zeller, Hans: Vitium aut virtus? Philologisches zu Adolf Frisés Musil-Ausgaben, mit prinzipiellen Überlegungen zur Frage des Texteingriffs, in: *Zeitschrift für Deutsche Philologie* 101 (1982), S. 210–244.

Zeller, Rosmarie: Musils Auseinandersetzung mit der realistischen Schreibweise, in: *Musil-Forum* 6 (1980), S. 128–144.

9. Wortregister zum ›Mann ohne Eigenschaften‹

Den Seitenangaben dieses Registers liegt der Text des *Mann ohne Eigenschaften* in der Edition durch Adolf Frisé von 1978 (s.o.) zugrunde. Natürlich kann die gedankliche Fülle des Romans durch ein Register auch nicht annähernd erschlossen werden. Es soll lediglich dazu dienen, erste behelfsmäßige Koordinaten durch den Text für die Interpretation ziehen zu können. Verlag und Autor sind sich darüber einig, daß dies nur als Diskussionsvorschlag und Deutungsofferte verstanden werden kann. Der Verzicht auf zahlreiche Lemmata, auf Figuren (mit Ausnahme Agathes) und Orte, auf Querverweise zu zentralen Begriffen des übrigen Werks (z.B. ratioïd) usf. sowie die Auswahl der belegten Textstellen selbst spiegeln die Notwendigkeit eines umfassenden Musil-Indexes im Kontext der Indices zur deutschen Literatur wider.

135

10. Namenregister

Angaben zum Autor

Matthias Luserke, geb. 1959; Studium der Neueren Deutschen Literaturwissenschaft, Philosophie und Komparatistik in Tübingen und Saarbrücken; Promotion 1987, Habilitation 1993; Privatdozent für Neuere Deutsche Literatur an der Universität Saarbrücken; Veröffentlichungen zur Literatur des 17.–20. Jahrhunderts, Literaturtheorie, J.M.R. Lenz. Bei J. B. Metzler ist erschienen: *Die Bändigung der wilden Seele, Literatur und Leidenschaft in der Aufklärung, 1995.*

Printed in the United States
By Bookmasters